M. Christine Worbs & Zora Gienger

Heilende Lichtenergieperlen

der

Aufgestiegenen Meisterinnen und Engel

Bitte fordern Sie unser kostenloses Verlagsverzeichnis an:

Smaragd Verlag
In der Steubach 1
57614 Woldert (Ww.)
Tel.: 02684-97848-10
Fax: 02684-97848-20
E-Mail: info@smaragd-verlag.de
www.smaragd-verlag.de

Oder besuchen Sie uns im Internet unter der obigen Adresse.

Deutsche Erstausgabe: Januar 2013

Umschlaggestaltung: preData
Satz: preData
Printed in Czech Republic
ISBN 978-3-941363-88-5

M. Christine Worbs & Zora Gienger

Heilende Lichtenergieperlen

der

Aufgestiegenen Meisterinnen und Engel

Smaragd Verlag

Über die Autorinnen

Zora Gienger ist Lichtheilerin, Poetin, Künstlerin und Tänzerin und ständig mit der spirituellen Welt verbunden. Seit über zwanzig Jahren schreibt sie Bücher und weiß dabei stets die Engel und geistigen Helfer an ihrer Seite. Sie wirken in ihrem Leben liebevoll und behutsam und haben sie schließlich auch mit Christine Worbs zusammen geführt. So lernte sie deren wunderschönen Perlenschmuck kennen und lieben und konnte als hellfühlende und hellsichtige Heilerin immer gleich Rückmeldung zu ihrem mit Engeln, Meisterinnen und geistigen Begleiterinnen aufgeladenen Schmuck geben.

M. Christine Worbs befindet sich seit über zwanzig Jahren auf dem spirituellen Weg und fühlt sich seit einigen Jahren mehr und mehr mit den Engeln verbunden, allen voran Erzengel Michael. So fing sie an, die Engelenergien in den Ketten zu vereinen, sodass diese über den bloßen Schmuck hinaus eine ganz besondere Anziehungs- und Ausstrahlungskraft bekamen. Mit dem Entstehen des Engel-Perlenschmucks hat sie ihre erfüllende Aufgabe gefunden, wie sie Frauen auf spirituelle Weise dienen kann.

Inhaltsverzeichnis

Vorwort der Autorinnen

Liebe Leserin, ich grüße dich von Herzen! Es ist schön, dass es dich gibt und dass du da bist, um dich vom Heilgarten der Perlenkönigin verwöhnen zu lassen.

Frauen und schöner Schmuck haben schon immer zusammengehört. Edle Perlen, wertvolle Kristalle und Edelsteine unterstreichen die natürliche Ausstrahlung einer Frau, verleihen ihr Würde und bringen ihre individuelle Schönheit zur Geltung.

Bisher waren Perlenketten jeglicher Art einzig für Schönheit und Ausstrahlung zuständig. Nun aber gibt es eine neue Generation von energetischem Schmuck, der auf wundersame und sanfte Weise die natürliche Energie der Schmucksteine und Perlen mit denen der Aufgestiegenen Meisterinnen, Engel und kosmischen Geistwesen für die Zeit ab 2012 verbindet.

Aufgeladen mit der lichtvollen und heilwirksamen geistigen Energie wird jedes Schmuckstück ein Unikat aus königlicher Perlen- und geistiger Lichtkraft. Der Trägerin eines solchen Schmuckstücks steht zusätzlich zum Faktor Schönheit und Ausdruck die gesamte Ausstrahlung und Heilwirkung zur Verfügung.

Es ist eine wahre Freude zu sehen, wie schön eine individuell gefertigte Perlenkette am Hals einer Frau wirkt. Und es ist eine wahre Freude zu spüren, wie die überaus zarte weibliche Ausstrahlung der Meisterinnen, Engel und Geistwesen Heilkraft entfalten kann und gleichermaßen harmonisierend auf Körper, Geist und Seele wirkt.

Als ich Christine Worbs kennenlernte, war ich gleich begeistert von ihren hübschen, edlen und stilvollen Schmuckkompositionen. Dass ihr Perlenschmuck aber mehr ist als schmückende Dekoration, begeisterte mich erst recht. Es fühlt sich wunderbar an, die unterschiedlichen Wirkungen der Ketten zu erleben und auf der Haut wirken zu lassen. So viel einfacher, hübscher und genussvoller ist es, sich ein mit Engel- oder Meisterkraft aufgeladenes Schmuckstück um den Hals zu hängen, als sich Globuli oder Essenzen zuzuführen. Ich erlebe, dass sich die Wirkkraft der Ketten auf natürliche und sehr weibliche Art und Weise entfalten kann.

Deshalb ist es mir eine große Ehre, Christine Worbs bei ihrer Arbeit und Herstellung der Schmuckstücke zu unterstützen.

Gemeinsam haben wir dieses Buch für dich geschrieben, damit du jederzeit die Möglichkeit hast, dich an den Energien aus den Geistigen Welten zu erfreuen. Du wirst all die bewährten Engelenergien kennenlernen, die dir wahrscheinlich schon längst vertraut sind. Darüber hinaus erfährst du alles über die neuen Begleiterinnen ab 2012, die in Zukunft gemeinsam mit den Engeln und Meisterinnen auf der Erde wirken werden.

Alle Energien findest du in den Perlenketten oder Armbändern wieder. Christine lädt Engel, Meisterinnen und neue Begleiterinnen ein, innerhalb ihres Schmucks heilend zu wirken.

Möge auch dir, liebe Leserin, dieser Schmuck zur Verfügung stehen. Mögest du im Heilgarten der Perlenkönigin wandeln, selbst eine Königin deines Lebens und glücklich darüber, eine Frau zu sein.

Alles Liebe,
Zora

☆☆☆

Liebe Leserin, auch ich freue mich ganz besonders, dich hier begrüßen zu dürfen. Es ist mir ebenfalls eine große Ehre, mit Zora zusammen dieses Buch für dich zu schreiben. Im Gegensatz zu Zora, die schon viele Bücher geschrieben hat, ist es für mich sozusagen eine Premiere. Vor einigen Jahren, als ich anfing, diesen Perlenschmuck herzustellen, hätte ich nicht im Traum daran gedacht, dass einmal dieses Buch entstehen würde, und ich freue mich sehr darüber, dass es mit Zora möglich wurde.

Für mich ist es die schönste Aufgabe der Welt, diesen Perlenschmuck mit den Energien der Engel, Meisterinnen und Begleiterinnen zu kreieren, ihn individuell auf die einzelnen Bedürfnisse abzustimmen und speziell für dich zu fertigen. Wir freuen uns, euch jetzt die Energien der Erzengel, Engel, Meisterinnen und Begleiterinnen vorzustellen.

Tauche ein in die Welt der wundervollen Wesen und lass dich von ihnen verzaubern!

Herzliche Engelgrüße,
Christine

☆☆☆

Beistand und Begleitung aus der Geistigen Welt

Schon immer stehen dem Menschen die Begleiter der Geistigen Welt zur Seite. Sanft berühren sie dich mit ihren Flügeln, ihrem Wissen und ihrer schützenden, stärkenden oder beruhigenden Energie. Sie sorgen dafür, dass du dich geborgen fühlst und zur Ruhe kommst, wenn dein Alltag anstrengend ist und dir viele Herausforderungen bringt. Ab und zu motivieren sie dich, drängen dich vorwärts und veranlassen dich, den nächsten wichtigen Schritt zu tun. Sie harmonisieren dich, verwöhnen deine Seele und bringen dich mit deinen ureigenen Kräften in Verbindung, die du verloren glaubtest. Meistens kannst du ihre begleitende Energie mit deinen menschlichen Sinnen nicht wahrnehmen, aber manchmal kommt es dir so vor, als ob du liebevoll geführt wirst, dich jemand streichelt oder dir eine Stimme zuflüstert, was gut für dich ist. Plötzlich weißt du intuitiv; wie du dich verhalten sollst oder in welche Richtung dein Weg dich führt. Und wenn du bewusst und aufmerksam bist, kannst du manchmal sogar die speziellen Zeichen deiner unsichtbaren Begleiter sehen.

Einigen Menschen ist es gegeben, die Geistige Welt intensiver wahrzunehmen. Sie können Engel sehen oder spüren, erhalten Eingebungen oder spüren innig den Kontakt zur Geistigen Welt, konkret fühl- und erlebbar.

Ab 2012 können immer mehr Menschen sensibel auf die Schwingungen der Geistigen Welt reagieren und die Botschaften klarer wahrnehmen. So wird ihnen bewusst:

Wir sind nicht allein. Wir sind beschützt und versorgt. Hilfe und Beistand sind uns immer gewiss!

☆☆☆

Energien speziell für Frauen

Warum benötigen Frauen andere Energien als Männer? Gibt es überhaupt Unterschiede?

Diese Fragen sind eigentlich ganz klar zu beantworten. Unsere Schöpfung hat zwei unterschiedliche Menschen hervorgebracht: Männer und Frauen. Allein auf der körperlichen Ebene gibt es wichtige Unterschiede zwischen den Geschlechtern. Entsprechend ist es sinnvoll und logisch, dass Frauen auch aus der Geistigen Welt mit eindeutig weiblich orientierten Energien umgeben sind und neben allen ganzheitlichen Geistwesen, männlich oder weiblich orientierten Engelenergien, vor allem spezielle weibliche Meisterinnen und Begleiterinnen zur Seite haben. Auf diese Weise können weibliche Energien effektiver und wirksamer auf typische „Frauenbelange" eingehen und Frauen wie Mädchen während ihrer Lebenszyklen zur Verfügung stehen.

Frauen werden von weiblichen Energien beschützt, umsorgt, geführt, getragen und verwöhnt, auch wenn alle anderen energetischen Formen und Weisen stets allen Menschen zur Verfügung stehen.

Hier geht es ausschließlich um die typischen Lebensthemen von Frauen und die weiblich unterstützenden Energien aus der Geistigen Welt, die Frauen auf ihren Lebenswegen begleiten. Auch wenn einige eher männlich orientierte Engelenergien, wie zum Beispiel Erzengel Uriel, zu den Begleitern aller Geschöpfe gehören und hier natürlich ebenfalls dargestellt werden, ist die Mehrzahl der Energien aus der Geistigen Welt der weiblichen Seite zugeordnet. Wobei die Zuordnung in weiblich oder männlich orientierte Energie nicht wirklich korrekt ist. Es ist der Mensch, der diese Einteilung vornimmt. Aber dadurch wird es einfacher, die Wirkungsweise der Energien zu erfahren und zu erleben.

Heilende Lichtenergie strömt aus der Geistigen Welt ins menschliche Dasein und begleitet Frauen auf ihrem Weg durchs Leben. Einen ganz speziellen Weg wollen wir gemeinsam in diesem Buch beschreiten. Es ist der Weg der Schönheit, der persönlichen Ausstrahlung und der sanften Heilkraft. Das Medium der Übermittlung ist klassisch weiblicher, wunderbarer Perlenschmuck, über den sich die Geistige Welt ins irdische Dasein transformiert. Über die Perlen und Edelsteine wirken die geistigen Kräfte und übermitteln ihre heilenden Energien.

Natürlich ist es immer möglich, dass einzelne Perlen und Steine ihre Kräfte entfalten, doch erst die Komposition aus Kreativität und Schönheit macht die Wirkung perfekt. Dann kann die weibliche Kraft zur vollen Entfaltung finden. Das komplette Schmuckstück, individuell angefertigt, wird auf die Trägerin eingestimmt und ist in ihrer Schwingungsfrequenz optimal auf die Bedürfnisse der jeweiligen Frau abgestimmt. Alles passt zusammen.

Und nun beginnt die Wirkung auf subtile und liebevolle Art und Weise, ebenso individuell und königlich weiblich, wie es die Trägerin ist.

Die Heilkraft der Perlenenergieketten

Jede Frau ist eine Königin, ob es ihr bewusst ist oder nicht, sie trägt diese wundervolle Information in ihrem weiblichen Dasein. Und dies ist auch die erste Entfaltungsebene der Perlenenergieketten.

Du ziehst die Kette oder das Armband an, blickst in den Spiegel und lächelst dir zu. Dir wird vielleicht zum ersten Mal für einen kurzen Augenblick bewusst, dass das Schmuckstück deine individuelle Schönheit zum Strahlen bringt, noch bevor dein kritischer Verstand dagegen angeht und sich an alle möglichen und etwaigen Kritikpunkte klammert. Für einen kurzen Augenblick lang erstrahlt dein Königinnenbewusstsein.

Wenn dein Königinnenbewusstsein schon ein wenig entwickelt ist, freust du dich beim Anblick deines Spiegelbilds und beglückwünschst dich, dass du so gut aussiehst.

Vielleicht aber findest du auch wie gewohnt alle selbstkritischen Argumente, um dich zu beschimpfen, dich klein zu machen und dir selbst zu verstehen zu geben, wie hässlich du bist (was du ja nicht bist, aber du bist dir deiner Schönheit nicht bewusst).

Wie auch immer du über dich denkst, du trägst den Perlenschmuck auf alle Fälle, und so kann er seine Wirkung entfalten. Er ist für alle anderen Menschen sichtbar und wird viele Blicke auf sich ziehen.

Manche Frauen bevorzugen statt Halsketten Armbänder, weil sie nicht gerne Schmuck um den Hals tragen. Ein schöner Armschmuck ist ebenfalls eine Augenweide, die deine individuelle Schönheit genauso zur Entfaltung bringt wie eine Perlenkette am Hals.

Im Laufe der Zeit wirst du sehr viel positives Feedback erhalten, zum Beispiel: „Ach, was für eine schöne Kette! Steht dir aber gut! Sieht richtig edel aus! Wo gibt es denn so eine Kette? Und dieses schöne Armband! Also, diese Farben, wie für dich gemacht! Schöner Schmuck. Du siehst aber heute gut aus. Was hast du gemacht?"

Sei dir gewiss, dass die Geistige Welt über den Schmuck wirkt. Auch wenn der Schmuck, für sich betrachtet, schlicht aussieht, ist seine Wirkung an dir einmalig. Er unterstreicht deine Ausstrahlung und bringt dich zum Leuchten und Strahlen. Seine Wirkung ist sicht- und fühlbar, und durch das Tragen des Perlenschmucks erhältst du eine andere Schwingung. Das werden auch andere Menschen an dir wahrnehmen.

Die zweite Entfaltungsebene geht aber tiefer als das Sichtbare und von außen Fühlbare, denn der Schmuck wirkt nach innen und sorgt dafür, dass das Prinzip der göttlichen Ordnung wieder hergestellt wird.

Wenn du dich unausgeglichen, krank, erschöpft, ausgebrannt, leer, überreizt, gestresst und körperlich wie seelisch über- oder unterfordert fühlst, bringt dich die Geistige Welt, die über den Schmuck wirkt, wieder ins Gleichgewicht. Die weiblichen Energien, die über den Perlenschmuck in dich hineinschwingen, bringen dir Harmonie und Balance. Die göttliche Ordnung – Basis für Gesundheit und Wohlbefinden – wird wieder hergestellt.

Zunächst geschieht dies im geistig-seelischen Bereich,

um schließlich bis in die irdischen und körperlichen Ebenen vorzudringen. Dann folgt, was beim Heilen generell geschieht: Deine Selbstheilungskräfte werden aktiviert, sodass du wieder ins Lot kommst. Du selbst öffnest die Tore für deinen individuellen Prozess der Heilung.

Das Wunderbare und Schöne dabei ist, dass sich dieser Prozess sanft und schonend vollzieht. Über das Medium des Schmucks kann sich der Heilungsprozess individuell anpassen. Über die Haut und das ständige Tragen des Perlenschmucks entfaltet sich die Heilwirkung sehr liebevoll, aber auch nachhaltig und stetig.

Das Besondere ist, dass sich speziell weibliche Botschaften der Geistigen Welt durch das Medium Schmuck zeigen und auch entsprechend klassisch angewandt werden können, einfach indem die Perlenkette oder das Armband getragen werden. Das heißt, dass du ganz ins Bewusstsein einer Königin eintauchen kannst, wissend, dass gleichzeitig deine weiblichen Urkräfte aktiviert und harmonisiert werden und deine eigenen Heilkräfte zum Wirken kommen. Du wirst dich wohler, ausgeglichener, lebensfroher und optimistischer fühlen.

☆☆☆

So kommt die geistige Botschaft in die Kette

Dieser sehr schöne Prozess läuft ganz klassisch ab. Schon das Herstellen des Schmuckstücks wird von der Energie der Engel und anderer Geistwesen begleitet. So ergibt sich die Auswahl der Steine auch im Zusammenhang mit den Energien, die gebraucht werden. Die Ketten werden dann zusätzlich in einem meditativen Prozess mit den jeweiligen Energien der Geistigen Welt „aufgeladen“. Das Schmuckstück wird sozusagen energetisiert.

Einige Schmuckstücke sind schon fertig hergestellt, diese wurden mit den Grundenergien der jeweiligen weiblichen Kraft oder Engelenergie aus der Geistigen Welt aufgeladen.

Meistens aber werden die Ketten ganz auf die Trägerin abgestimmt. Das bedeutet, dass die Kräfte der Geistigen Welt den Weg in die Kette finden, die jetzt für die Trägerin wichtig sind. Entsprechend werden die Perlen und Steine farblich auf die Wünsche und Vorlieben der Trägerin abgestimmt. Oft werden hierzu vorher kurze Gespräche geführt, was das jeweilige Thema der Kundin ist.

Diese individuell hergestellten Schmuckstücke sind natürlich am wirkungsvollsten, da sie speziell und individuell sind. Ihr Wirken ist optimal.

☆☆☆

Sind die Botschaften der Geistigen Welt in der Kette spürbar?

Ja, das sind sie eindeutig! Wenn du zu den sensiblen Menschen gehörst, die eine intensive Wahrnehmung haben, kannst du sie auf jeden Fall spüren.

Allerdings gibt es keine Richtlinie, was du genau spüren kannst. Jegliches Spüren ist sehr individuell, je nachdem, welcher deiner Wahrnehmungskanäle gerade am meisten geöffnet ist.

Manche spüren ein leichtes Kribbeln, das von der Kette ausgeht, andere sehen ein sanftes Leuchten oder Strahlen. Wieder andere merken irgendetwas, können es aber nicht beschreiben. Und für einige ist es wie Musik.

Fast immer sind die Wahrnehmungen positiv und angenehm. Das kann sogar schon beginnen, wenn die Kette in dein Blickfeld gerät. Der Kontakt zwischen dir und der Kette kann für dich persönlich spürbar sein. Du gehst in Resonanz mit der Kettenschwingung. Die Kette wird dich regelrecht „anziehen".

„Diese Kette und keine andere", wirst du dann denken. Manchmal kommt der Kontakt erst zustande, wenn du die Kette berührst. Es wird sich bei „deiner" Kette anders anfühlen als bei anderen Ketten. Eventuell aber spürst du erst etwas, wenn du sie um den Hals trägst. Auch das ist normal.

Gräme dich nicht, wenn du nichts spürst. Das kommt öfter vor als du glaubst und hängt mit vielen Faktoren zusammen. Es ist normal, dass Menschen nicht immer etwas wahrnehmen. Manchmal nimmt auch derselbe Mensch die Dinge unterschiedlich wahr. An einem Tag fühlt er es so, am anderen wieder ganz anders.

Die persönliche Wahrnehmung hängt hauptsächlich – aber nicht nur – von folgenden Faktoren ab:

- Von dir persönlich.
  Bist du ein sensibler Mensch, der sehr aufmerksam durch die Welt geht, seine Sinne stets offen hat und gewöhnt ist, viel wahrzunehmen? Dann nimmst du wahrscheinlich deine gesamte Umwelt intensiver wahr. Eventuell bist du geübt in Energiearbeit und erweiterter Wahrnehmung. Auch dann ist deine Wahrnehmungsfähigkeit intensiviert, was Vor- und Nachteile haben kann. Auch dein Denken nimmt großen Einfluss auf deine Wahrnehmung. Je mehr du erfahren willst und erwartest, desto wahrscheinlicher ist es, dass du wenig oder gar nichts wahrnimmst. Entspannung ist ein guter Weg zur intensiven Wahrnehmung.
- In welcher Lebensspanne du dich befindest.
  Bist du im Ausgleich mit dir und lebst ruhig und zufrieden dein Leben, nimmst du anders wahr, als wenn du dich in einer stressigen Lebenssituation befindest.
- In welcher Zyklusphase du dich befindest.
  Während der Menstruation und der Eisprungphase ist deine Wahrnehmung besonders ausgeprägt. Kurz vor der Menstruation kann es sein, dass es dir schwerer fällt, intensiv wahrzunehmen. Während und nach den

Wechseljahren kann es sein, dass sich deine Wahrnehmung völlig verändert. Sie kann intensiver werden oder einfach anders als bisher.

- In welcher Jahreszeit du dich befindest.
  Das Wetter nimmt großen Einfluss auf alle Menschen. Finde heraus, wie das Wetter und die Jahreszeiten dich persönlich beeinflussen. Hitze, Nässe, Kälte, Sonne, Licht – alles hat Einfluss auf deine Wahrnehmungsfähigkeit.

Die häufigsten Wahrnehmungen sind:

- Kribbeln, Vibrieren, Ziehen, Drehen, Kreisen.
- Leuchten, Aufflackern.
- Klang oder Rhythmus.
- Wärme- oder Kälteempfinden.
- Emotionale Empfindungen wie Freude, Leichtigkeit, Helligkeit, Freiheit, das Gefühl von Resonanz und dich angezogen fühlen.

☆☆☆

Was tun, wenn nichts zu spüren ist?

Auch wenn du nichts wahrnehmen kannst, heißt das nicht, dass die Kette unwirksam ist. Es ist normal, dass viele Menschen zunächst nichts wahrnehmen und sich dann nach und nach mit der Geistigen Welt vertraut machen. Übung macht den Meister. Je offener du bist, desto mehr wirst du wahrnehmen – mit der Zeit.

Wie du schon gelesen hast, gibt es Phasen, in denen du nichts oder nur wenig spürst. Auch das gehört zum Leben dazu. Lass einfach alles geschehen. Entspanne dich, erwarte nichts, sondern freue dich über jede Kleinigkeit, die dir als Wahrnehmung geschenkt wird.

Wisse, dass bei allen sinnlichen Wahrnehmungen ein Gewöhnungseffekt eintritt. Das ist wie beim Riechen: Zuerst riechst du den guten Duft, nach einer Weile nimmst du ihn nicht mehr wahr. Das heißt nicht, dass der Duft nicht mehr da ist, sondern dein Gehirn schiebt die Wahrnehmung in eine Schublade und lenkt die Aufmerksamkeit auf neue Reize und Wahrnehmungen. Beim Hören, Sehen und Fühlen geschieht dasselbe. Nach einer Weile nimmst du weder den Fluglärm wahr, noch die blühenden Rosen.

Das bedeutet – übertragen auf den Perlenschmuck –, dass du vielleicht anfangs die fließende Energie spürst, aber nach einer Weile nicht mehr. Auch wenn du die Kette täglich trägst, kann es sein, dass du ihre Schwingung nicht mehr aktiv spüren kannst. Wie bei allen Wahrnehmungen ist der Gewohnheitseffekt eingetreten. Kein Grund zur Besorgnis, sondern eine normale menschliche Reaktion.

Was tun bei unangenehmen Empfindungen?

Meistens treten beim Tragen des Schmucks positive Empfindungen auf, doch ist es auch möglich, dass dich der Schmuck zunächst mit deinen eigenen Schattenseiten konfrontiert. Dies ist immer dann der Fall, wenn du bisher – meistens erfolgreich – deine zu bearbeitenden Lebensthemen ignoriert oder verdrängt hast. Nun drängen sie sanft ins Bewusstsein.

Diese Art von „Erstverschlimmerung" kennst du von anderen energetischen Mitteln. Es sind keine Nebenwirkungen oder Unverträglichkeiten, sondern bewusste Anzeichen, die Impulse aufzugreifen und wieder zur göttlichen Ordnung zu führen.

„Aufräumen" im System kann manchmal ganz schön unangenehm und auch schmerzhaft sein. Alte Ängste zeigen sich, unerlöste Konflikte drängen ans Licht, und es zeigen sich dunkle Flecken auf der Seele.

Keine Sorge, jeder Mensch hat seine verdrängten Themen. Doch nun ist es Zeit, sie mit Tatkraft ins Visier zu nehmen, sie ins Bewusstsein zu rücken und sie so zu verändern, dass Heilung und Wohlbefinden möglich sind.

Unangenehme Empfindungen können sein:

Plötzlicher Schmerz, Traurigkeit, Weinerlichkeit, plötzliche Hitze, Enge, bodenlose Schwere, ein zu heftiger Rhythmus, unangenehmes Ziehen, auftretende Übelkeit, Schwindel und andere körperliche Symptome wie Niesen, Husten, Durchfall, Ausschlag.

Extrem unangenehme Empfindungen sind sehr selten. Sollten sie dennoch auftreten, ist es Zeit, sich Hilfe bei einem Heiler, Heilpraktiker, Arzt oder Therapeuten zu holen. Denn dann brechen bei dir wichtige Lebensthemen auf, die so vehement sind, dass für dich irdischer wie geistiger Beistand wichtig ist. Versuche dann nicht, alles im „Alleingang" lösen zu wollen. Dazu sind Menschen füreinander da, dass sie sich beistehen, sich helfen, sich wichtige Impulse zur Selbstheilung geben, sich trösten und zur Verarbeitung von seelischen Schmerzen beitragen. Oder – als Arzt oder Therapeut – dir medizinische Hilfe geben.

Trage den Schmuck weiterhin, vielleicht versuchst du es erst einmal mit kürzeren Tragezeiten. Der Perlenschmuck hilft dir auf jeden Fall, wieder ins Gleichgewicht zu kommen. Seine Wirkungsweise wird sich deinem seelischen, körperlichen und geistigen Zustand anpassen.

Sei gewiss, dass nichts geschehen kann, was „zu viel" für dich wäre oder du nicht erträgst. Alles, was du empfindest, macht Sinn und ist dazu da, in dein Bewusstsein zu rücken, um sich zu verändern.

Sei dankbar, dass es dir jetzt gezeigt wird, und pack es an! Lass dir dabei von liebevollen und einfühlsamen Therapeuten helfen. Du bist auch nicht allen Empfindungen hilflos ausgeliefert. Heilung tut manchmal zwar kurz weh, aber dann eröffnen sich neue Horizonte und vielversprechende Wege. Menschen, die dich stützen, tragen und begleiten, sollten jetzt bei dir sein. Hol dir Hilfe! Die Geistige Welt begleitet dich sowieso auf all deinen Lebenswegen.

So findest du dein persönliches Schmuckstück

Viele Wege führen dich zu deinem persönlichen Perlenschmuck. Dies ist zunächst die Anziehung zwischen dir und einem Engel, einer Meisterin oder Begleiterin aus der Geistigen Welt. Du weißt, dass diese geistige Kraft jetzt wichtig für dich ist und wählst entsprechend ein Schmuckstück, das mit ihrer Kraft energetisiert wurde.

Eine andere Möglichkeit ist es, dich ganz von der Resonanz eines Schmuckstücks leiten zu lassen, ohne zu wissen, welche Kraft aus der Geistigen Welt mit ihm verbunden ist. Die Resonanz eurer Verbundenheit wird dich richtig wählen lassen. Du wirst dich fast magisch von einer bestimmten Kette oder einem Armband angezogen fühlen, sei es vom Aussehen des Schmucks her, oder von der ausstrahlenden Schwingung.

Eine weitere Möglichkeit ist es, ein Schmuckstück in die Hand zu nehmen und mit dem Tensor oder Pendel abzufragen, ob es für dich im Augenblick optimal geeignet ist. Dies ist zum Beispiel eine gute Möglichkeit, wenn du eine Kette verschenken möchtest. Du fragst ab, ob die Kette optimal und ideal für den Menschen ist.

Schließlich kannst du dir dein persönliches Schmuckstück auf Wunsch anfertigen lassen. Dieses wird dann auf deine Seelenschwingung eingestimmt und angepasst. Oder du wünschst dir eine bestimmte Begleiterin an deine Seite. Die passenden Schmucksteine und Perlen werden dann der Schwingung der Geistigen Welt angepasst.

Jederzeit hast du natürlich die Möglichkeit, ein Schmuckstück ganz nach dem Aussehen, der Farbgestaltung und dem Ausdruck zu wählen, ohne dass dich die damit verbundene Kraft aus der Geistigen Welt interessiert. Diese Kraft wird dennoch für dich wichtig sein, denn auch über das äußere Erscheinungsbild wird Resonanz erzeugt.

Du findest also auf jeden Fall dein richtiges Schmuckstück, so oder so.

Christine:

Männer tragen ja solche Ketten nicht, dennoch ist es möglich, sie mit den Engelenergien zu unterstützen. Als mein Mann eine Entscheidung fällen sollte und gerade (mit dem Verstand) nicht weiterkam, energetisierte ich ihm einen Stein mit den entsprechenden Engelenergien, und er wurde dadurch um einiges ruhiger und konnte danach seine Entscheidung viel leichter treffen.

☆☆☆

Du weißt nicht, was du willst

Es gibt Menschen, die befinden sich zurzeit in einer Situation der inneren Verwirrtheit oder können sich nicht entscheiden. Dies ist ein ganz typisches „Frauenproblem". Während die meisten Männer zielsicher Entscheidungen treffen und dann dazu stehen, neigen Frauen zur ständigen Selbstreflexion. Sie grübeln und zweifeln an ihrer Wahl. War das die richtige Kette? Soll ich nicht doch lieber eine andere nehmen? Passt jetzt vielleicht eine andere geistige Energie besser zu mir?

Wenn du so denkst, stiftest du nur noch mehr Verwirrung. Was dir im Augenblick fehlt, ist genügend Selbstvertrauen, deine Entscheidungen zu fällen und anzunehmen. Was hindert dich daran, an dich zu glauben? Was lässt dich so schwanken? Woher kommt deine Unsicherheit? Liebst du dich genug, um in dir das göttliche Licht der Schöpfung anzuerkennen?

Lenke deine Aufmerksamkeit auf die Gaben, die Gott dir geschenkt hat. Wo liegen deine Talente, deine Stärken im Leben? Konzentriere dich auf das, was gut läuft in deinem Leben und in dem du dich absolut sicher fühlst.

Du bist wie jeder andere ein einzigartiges Geschöpf Gottes, ein Ausdruck liebender, göttlicher Intention. Erkenne dies an. Stelle dich deiner lichtvollen Kraft. Sag „Ja" zu dir. Sag „Ja" zu allem, was dich ausmacht – deine Tugenden und Stärken, aber auch deine Schwächen.

Nun gut, dann bist du im Augenblick schwankend und verwirrt. Das ist nicht weiter schlimm. Es gehört zu dir. Sobald du dich so annimmst, wie du bist, wird neue Energie freigesetzt. Mit dieser frei werdenden Energie kannst du neue Entscheidungen fällen und diese ebenso anerkennen. Du triffst Entscheidungen, und alles ist gut.

Wenn es um die Auswahl des Perlenschmucks geht, kannst du jederzeit deine Unsicherheit den Engeln, Meisterinnen und Begleiterinnen übergeben. Du wirst in Liebe geführt. Und wisse, dass sich für dich die richtige Kette oder das richtige Armband findet, auf welchem Weg auch immer. Jederzeit kannst du es Christine überlassen, dir deinen persönlichen Seelenschmuck anzufertigen, der jetzt für dich stimmig ist.

☆☆☆

Wie wird der Schmuck getragen, und wie lange soll/kann er getragen werden?

Du trägst die Kette dort, wo sie normalerweise hingehört: am Hals. Sie ist ein wunderschönes Schmuckstück und soll deinem Aussehen schmeicheln. Also trägst du sie, wie man eine Kette eben trägt. Es gibt kurze Ketten, die eher am Hals anliegen, aber auch lange Ketten, die halsfern sind, falls du das lieber magst. Gerne kannst du dich auch für ein Armband entscheiden, die Energie wirkt genauso.

Du kannst deinen Schmuck jederzeit tragen, auch nachts. Verlasse dich dabei ganz auf dein inneres Gespür. Wenn du das Gefühl hast, du solltest den Schmuck über eine längere Weile – mehrere Tage zum Beispiel – Tag und Nacht tragen, dann tu es. Du allein weißt, was für dich gut und richtig ist. Zum Duschen oder Baden würde ich dir jedoch empfehlen, den Schmuck auszuziehen, damit er lange schön bleibt. Intensiven Wasserkontakt mögen manche Steine nicht besonders.

Wenn du den Schmuck nur tagsüber tragen möchtest, dann ist das auch in Ordnung. Selbst wenn du die Schmuckstücke nur stundenweise anziehst, können sie jederzeit ihre Wirkung entfalten. Dies gilt auch, wenn du die Kette oder das Armband nur ganz kurz trägst, zum Beispiel zu einem geschäftlichen Essen oder in der Oper.

Solltest du deine Kette im Augenblick nicht um den Hals tragen wollen, kannst du sie dennoch jederzeit bei dir haben. Sie wirkt auch dann, wenn du sie während der Arbeit zum Beispiel vor dich auf den Schreibtisch legst oder nachts auf deinen Nachttisch. Wenn du deine Kette oder dein Armband über längere Zeit nicht trägst und sie dann eines Tages wieder anlegst, haben sie ihre Wirkungskraft nicht verloren. Die Geistige Welt ist mit deinem Perlenschmuck verbunden, was auch immer du mit deinem Schmuck machst oder spüren magst. Ist der Schmuck einmal mit der entsprechenden Begleiterin energetisiert, gilt das für immer.

Du kannst dennoch etwas Gutes für dein Schmuckstück tun, indem du es ab und zu auf ein Amethyststück oder in die Sonne legst. So können sich die Steine wieder aufladen. Dies gilt ganz besonders, wenn die Kette viel „arbeitet". Dann kannst du ihr zur Erholung auch einmal ein Bad im trockenen Meersalz gönnen und sie anschließend in die Sonne legen. Du wirst merken, wie viel leuchtender und strahlender sie hinterher wieder ist. Die Steine und Perlen sind dankbar für diese Pause.

Christine:

Einmal bekam ich ein Armband zurückgeschickt, das am Band gerissen war. Als ich die Steine sah, war ich etwas erschrocken, da sie stumpf waren, und es wunderte mich nicht, dass das Armband „gestreikt" hatte. In diesem Fall hatten die Steine und die Engel so heftig gearbeitet, dass sie die Trägerin durch den Bruch des Drahtes zur Pause zwangen. Nach einer ausgiebigen Reinigung konnte ich ihr das Schmuckstück wieder strahlend schön zurückschicken. Seitdem achtet sie darauf, dass ihr Armband auch einmal eine Pause in der Sonne bekommt.

Kann ich auch mehrere Ketten gleichzeitig verwenden?

Natürlich! Jederzeit können dir mehrere Engel, Meisterinnen oder Begleiterinnen zur Seite stehen. Ich besitze zum Beispiel schon über zwanzig Ketten von Christine.

Das Schöne daran ist, dass ich die freie Auswahl habe, welche geistige Energie mir heute zur Seite stehen soll. Manchmal entscheide ich aber nur aus der Laune heraus, welche Farben heute zu meiner Kleidung passen. Ich suche mir dann meine Kette nach meinem äußeren Geschmack heraus, nicht nach meiner inneren Bedürftigkeit. Das Resonanzprinzip gilt aber auch für äußere Kriterien. Also „erwische" ich immer die richtige geistige Energie, wie auch immer meine Wahl ausfällt.

Du kannst auch mehrere Ketten übereinander tragen, wenn du das Gefühl hast, dass dies im Augenblick angebracht ist. Die Ketten ergänzen sich ideal. Es gibt keine „Schmuck-Konkurrenz". Trage, was du willst und dir Freude bereitet!

Christine:

Ich hatte einmal eine Kundin, die die Ketten von Erzengel Michael (Schutz) und Raphael (Heilung) gleichzeitig trug. Auf einer Wanderung stürzte sie einen kleinen Abhang hinunter und verletzte sich wie durch ein Wunder nicht. Sie ist bis heute überzeugt, dass ihr genau diese beiden Engel beim Sturz beistanden und sie dadurch unverletzt davonkam.

Wie vertragen sich die Ketten mit anderen energetischen Mitteln?

Sie vertragen sich wunderbar! Die Geistige Welt kennt keine Unverträglichkeiten, Nebenwirkungen und kein Konkurrenzverhalten. Dein energetisiertes Schmuckstück verträgt sich also mit allen anderen Essenzen, homöopathischen Mitteln, Medikamenten, Engelsprays, musikalischen Heilklängen oder Blütenextrakten. Es gibt hier keinerlei Einschränkungen. Du kannst die wunderbare Vielfalt der Geistigen Welt auf alle erdenkliche Art und Weise genießen.

☆☆☆

Vom Mädchen zur erwachsenen und schließlich zur reifen Frau

Frauen durchlaufen andere Lebenssituationen als Männer. Wichtige Meilensteine in jedem Frauenleben sind die Schwelle zum Erwachsenwerden, Schwangerschaft und Mutterschaft sowie der Wechsel zur reifen, weisen Frau. Ergänzt werden diese Stationen von der Partner- und Berufswahl.

Obwohl diese Schwellen fließend durchschritten werden, sind sie oft mit wichtigen körperlichen und geistig-seelischen Veränderungen, Herausforderungen und Auseinandersetzungen verbunden, die nicht immer leicht zu bewältigen und zu akzeptieren sind.

Der energetisierte Perlenschmuck hilft, sich sorglos und freudvoll den natürlichen weiblichen Lebensrhythmen anzuvertrauen, Ängste in Bezug auf die eigenen Weiblichkeit loszulassen, das Frausein an sich und die damit verbundenen gesellschaftlichen Rollen und Anforderungen.

Das eigene Frausein wird (wieder) als Freude erlebt, nicht als Plage oder gar Qual. Der Blickwinkel wird auf die positiven Eigenschaften gelenkt, welchen Lebensentwurf eine Frau auch immer für ihr Leben wählen sollte. Männliche wie weibliche Attribute werden in Harmonie gebracht, und ein Gefühl von Heilung entsteht, unabhängig von äußeren Situationen und Gegebenheiten.

Somit haben Frauen jeglichen Alters die Möglichkeit, ganz bei sich selbst anzukommen und sich so zu lieben, wie sie sind, mit all ihren charakterlichen Stärken, aber auch mit ihren Schwächen. Vermeintliche Schwächen werden liebevoll angenommen und zählen zum eigenen Selbst genauso wie herausragende Kompetenzen und Eigenschaften.

Und noch etwas: Frauen respektieren sich untereinander! Sie begreifen, dass es keinen Sinn macht, sich gegenseitig anzuklagen und zu kritisieren. Denn jeder Lebensentwurf ist einzigartig und wichtig im Gesamtgefüge der Gesellschaft.

☆☆☆

Balance und Wohlgefühl für alle Frauen

Schon kleine Mädchen profitieren davon, eine für sie angefertigte Schmuckkette zu tragen. Sobald ein Mädchen das Gefühl für seine Weiblichkeit entwickelt und bereit ist, eine Schmuckkette anzuziehen, kann es diese auch tragen.

Christine:

Meine 13-jährige Tochter war in einer Situation etwas ängstlich und zögerlich, doch mit einem Engelanhänger mit der Energie von Erzengel Ariel bekam sie wieder Mut und mehr Tatkraft. Sie trug den Engel mehrere Wochen lang täglich.

Schmuckketten kennen keine Altersbeschränkungen. Die Geistige Welt wirkt auf jeden und harmonisiert auf allen Ebenen.

Jeder Mensch, ob groß oder klein, kennt seine Sorgen und Nöte. Ein verlorenes Spielzeug kann bei einem Kind tiefe Trauer auslösen, auch wenn der Grund in den Augen eines Erwachsenen banal ist. Die empfundene Trauer ist so real wie die Trauer eines Erwachsenen über einen großen Verlust.

Die Geistige Welt greift über den Schmuck lindernd und ausgleichend ein und hilft über die Hürden des Lebens hinweg, seien es Krankheiten, Krisen, Unstimmigkeiten oder andere Herausforderungen, mit denen der Mensch täglich zu tun hat.

So finden sich für alle Lebenslagen Engel, Meisterinnen und Begleiterinnen aus der Geistigen Welt, die Frauen jederzeit zur Verfügung und zur Seite stehen.

Ziel ist es, sich im eigenen Leben wohlzufühlen, in der Lage zu sein, nötige Veränderungen herbeizuführen und sich der eigenen Kompetenzen im Leben bewusst zu sein. Diese Selbstermächtigung drückt sich im eigenen schöpferischen Potenzial aus.

Jede Frau ist in der Lage, ihrem Leben Gestalt zu geben, es anzupacken, zu verändern oder einfach fließend zu akzeptieren und dabei an den Herausforderungen des Lebens zu wachsen und nicht zu zerbrechen.

Die Kunst ist es, immer wieder den nächsten Schritt zu tun, sich auf konstruktive Lösungen zu konzentrieren und offen zu sein für neue Impulse, um Ängste und Blockaden zu überwinden und auf allen Ebenen (körperlich, geistig und seelisch) in der Lage zu sein, das Leben zu meistern.

Die Aufgabe der geistigen Begleiterinnen ist es, den lebendigen, konstruktiven und schöpferischen Impuls der Selbstermächtigung und Selbstheilung zu aktivieren, sodass jede Frau wieder spürt und erlebt, dass sie die Kraft hat, ihrem Leben Gestalt zu geben und aus der Opferrolle zu schreiten.

Nun kann sie selbst aktiv werden und Möglichkeiten finden, sich zu heilen, neu zu erfinden, mit sich zufrieden zu sein und sich Gutes zu tun. Dieser Ausdruck der Selbstliebe wird aufs Neue entfacht. Wohlgefühl kann entstehen und das Gefühl, auf dem richtigen Platz im Leben zu sein oder den Weg dorthin gefunden zu haben.

Die Geistige Welt unterstützt sowohl beim Ausüben der Lebensaufgaben, als auch beim Meistern aller Lebensanforderungen, nicht nur in anstrengenden Zeiten, sondern auch dann, wenn man meint, dass alles gut läuft. Denn stets wird Kraft gebraucht, um den Alltag mit all seinen Details zu bewältigen, weil das Leben täglich neue Herausforderungen stellt, auch wenn sie banal und klein sind.

Ziele der Geistigen Welt für Frauen:

- Begleitung und Unterstützung.
  Impulse, um das Leben zu meistern, sich selbst zu heilen und die eigene schöpferische Kraft anzuerkennen und kreativ und konstruktiv anzuwenden.
- Harmonie und Ausgleich während anstrengender Lebensphasen, Krankheiten und Krisen.
- Durchhaltekraft schenken in guten Zeiten, um die Kleinigkeiten des Alltags gut zu meistern und Kraftreserven zu haben.

☆☆☆

Engel, Meisterinnen und Begleiterinnen aus der Geistigen Welt

Die Jahre bis 2011 waren geprägt von wunderbaren Engelwesen und den bekannten Aufgestiegenen Meisterinnen, wie zum Beispiel Mutter Maria und Lady Nada. Von ihnen wird hier natürlich noch berichtet, denn ihre energetische Unterstützung ist nach wie vor enorm wichtig. Doch schon im Laufe des Jahres 2011 erschienen neue Begleiterinnen aus der Geistigen Welt, die die nächsten Jahre prägen und dich vertrauensvoll durch die Neue Zeit führen werden.

Die Tore dafür öffneten sich schon im Laufe des Dezembers 2011. Ich verbrachte den Jahreswechsel in Australien und konnte miterleben, wie sich vom roten Zentrum aus die Tore für viele neue Begleiterinnen öffneten.

Allen voran Mereditha und ihre rosa Engelflotte. Sie waren schon vom Flugzeug aus spürbar, als wir am Heiligen Abend 2011 die Kontinente überquerten, um in Sydney zu landen.

Nie werde ich den frühen Weihnachtsmorgen, den 26.12.2011, vergessen, als wir im Landeanflug auf Sydney waren. Rosafarbenes Licht tauchte den gesamten Flieger in liebliche Herzenskraft. Kichernde rosa Engel und schneeweiße Einhörner begleiteten das Flugzeug, und eine rotgoldene Sonne empfing uns strahlend und hingebungsvoll. Ganz Sydney war in gleißendes Licht gehüllt, und die Energieschwingung war so hoch und schön, dass meine ganze Müdigkeit wie weggeblasen war. Ich hätte platzen können vor Glück.

Die Tore öffneten sich immer mehr. Und sie sind immer noch dabei, denn viele Begleiterinnen, die in diesem Buch genannt werden, werden erst im Laufe des Jahres 2012 spür- und wahrnehmbar werden, um dann ganz nahe allen Frauen zur Seite zu stehen. Einige Begleiterinnen aus der Geistigen Welt finden ihren energetischen Zugang über die australischen Schwingungsebenen, weil über diesem Kontinent die Energie locker, kindlich und einladend ist. Und weil dort viel, viel Platz ist, um in Ruhe zu „landen", also wirksam zu werden. Sobald die Ankunft erfolgt ist, werden sich die Energien der neuen Begleiterinnen überall hin ausbreiten und wirksam werden. Nun sind sie auch leicht im Irdischen – wie in den hübschen Perlen – zu integrieren.

Neue Begleiterinnen nehmen aber auch andere Energietore, um sich auf der Erde wahrnehmbar zu manifestieren. Die Haupteingangspforten für weibliche Begleiterinnen liegen über Australien, der Schweiz, Kalifornien, Chile, Südafrika, Madagaskar sowie Alaska. Weiterhin bleiben Cornwall, Bali, der Südschwarzwald, Hawaii, Frankreich und Fuerteventura als energetische Tore der Geistigen Welt offen.

Über welches Gebiet sich die neuen Begleiterinnen auch immer manifestieren, sie stehen mit ihrer heilenden, liebenden und weisen Kraft allen Menschen zur Seite.

Du kannst dich ganz und gar auf die Energien der geistigen Begleiterinnen einlassen. Im Fluss der bedingungslosen Liebe wirst du getragen, getröstet, versorgt und unendlich geliebt. Du wirst dich wohl, sicher und geborgen fühlen. Ebenso wirst du Kraft erhalten, um deinen Aufgaben als Frau im Alltag gerecht zu werden. Und um gesund, leuchtend, heil und ganz zu sein – Tag für Tag.

☆☆☆☆☆

Begleitende Engelenergien und Meisterinnen aus der Geistigen Welt

(Übermittelt von Christine)

Erzengel Michael

Schutz – Ruhe – Geborgenheit – Gelassenheit – Vertrauen – Im Fluss sein

Geliebtes Wesen, wann immer du mich rufst, bin ich sofort an deiner Seite und beschütze dich. Ich gebe dir Kraft und Gelassenheit und helfe dir, ganz bei dir zu sein. Fühle die Geborgenheit und die Kraft, die du in meiner Gegenwart spüren kannst. Ich beschütze dich vor allen unerwünschten Einflüssen und negativen Energien.

Gerne stehe ich auch bereit, negative energetische Bänder zu anderen zu durchtrennen, die dich schlapp und müde werden lassen. Rufe mich und stell dir vor, wie mein goldenes Schwert alle unliebsamen Energien durchtrennt und du wieder frei atmen und ganz du selbst sein kannst. Wenn du dich in mein dunkelblaues oder goldenes Licht einhüllst, wirst du auf allen Ebenen des Seins geschützt sein.

Auch helfe ich dir gerne, deine nächsten Schritte auf deinem Lebensweg zu erkennen, sodass du dadurch immer mehr in deine Kraft, in dein Potenzial kommst. Spüre die Stärke und die Kraft, wenn ich an deiner Seite bin, nichts kann dich dann mehr aus der Ruhe oder deinem Vertrauen bringen. Du wirst selbstbewusst deinen Weg gehen.

„Ich bin beschützt und geborgen auf allen Ebenen."

Erzengel Raphael

Heilung – Selbstheilungskräfte aktivieren – Gelassenheit – Gut für sich sorgen

Geliebte Seele, lass dich einhüllen in mein smaragdgrünes, heilendes Licht. Wann immer du dich schlecht und krank fühlst, rufe mich herbei. Gerne unterstütze ich dich in allen Heilungsprozessen, seien sie körperlicher, emotionaler, seelischer oder mentaler Art.

Deine Selbstheilungskräfte kannst du mit meiner heilenden Energie aktivieren und verstärken. Hülle dich in mein Licht und fühle dich geborgen und getragen. Auch möchte ich dich dazu ermuntern, dein eigenes Heilwerden und Heilsein zu unterstützen, indem du in dich hineinspürst, was dir guttut. Mein heilendes Licht wird dir Wege aufzeigen, wie du gut für dich und deine Gesundheit sorgen kannst.

Denke daran, dass dein Körper der Tempel deiner Seele ist und als wertvoller Teil deines Selbst die gleiche Aufmerksamkeit braucht wie dein Geist und deine Seele. Sorge also gut für ihn. Gönne dir auch die Zeit der Entspannung, der Erholung und der Genesung und fühle dich aufgehoben und getragen von meiner heilenden Energie.

„Meine Selbstheilungskräfte entfalten sich immer mehr."

Erzengel Uriel

Kraft – Erdung – Zentrierung – Lebensfreude – Mut – Schöpferkraft – Fülle

Sei herzlich gegrüßt, geliebte Seele. Ich schicke dir meine kraftvollen rot-goldenen Strahlen, die dich beleben und dir Kraft geben.

Wenn du dich müde und energielos fühlst, hülle dich ein in mein Licht. Ich helfe dir, dich zu zentrieren und zu erden, wenn dir die Wurzeln fehlen, sodass du verbunden bist mit der Kraft von Mutter Erde. Lass alle Ängste los und übergib sie vertrauensvoll der Erde.

Gerne möchte ich dich darin bestärken, deinen Weg zu gehen, deine Träume entschlossen zu leben und voller Tatkraft voranzuschreiten. Genieße das Leben in all seinen Facetten. Es hält viele Wunder für dich bereit, sei offen dafür und vertraue darauf, dass voll und ganz für dich gesorgt ist und du in Fülle leben kannst.

Ich unterstütze dich gerne dabei, wenn du verzagt bist und sich dein Leben trostlos anfühlt. Erinnere dich an die große Schöpferkraft, die in dir steckt. Du kannst sie entfalten, indem du deine Träume lebst und voller Freude durchs Leben gehst.

„Voller Tatendrang und Freude gehe ich durchs Leben."

Erzengel Metatron

Fokussierung – Zentrierung – Lebensplan – Visionen leben

Geliebtes Menschenkind, gerne stehe ich dir zur Seite, wenn du meine Hilfe brauchst. Ich hülle dich ein in mein weiß-goldenes Licht. Fühlst du die Kraft, die du dadurch erhältst?

Ich helfe dir, deinen Lebensplan zu erkennen und gebe dir die Kraft, dich ganz darauf zu konzentrieren. Gerne unterstütze ich dich, wenn du dich zerstreut fühlst und nicht mehr weiter weißt, nicht mehr zwischen Wichtigem und Unwichtigem unterscheiden kannst, dich wie in einem Hamsterrad drehst. Fokussiere dich auf mein weiß-goldenes Licht und hülle dich damit ein. So kannst du wieder zur Ruhe kommen, deine Prioritäten erforschen und dich ihnen zuwenden.

Ich unterstütze dich dabei herauszufinden, wo deine Ziele und Lebensaufgaben liegen, damit du diese Stück für Stück verwirklichen kannst, denn dafür bist du auf dieser Welt. Nimm dir immer nur eine Sache nach der anderen vor, so bleibst du besser zentriert und fokussiert und erreichst dein Ziel schneller. Wenn du deine Prioritäten kennst, hast du mehr Zeit für diese Dinge, denn du kannst besser unterscheiden und Unwichtiges beiseitelassen.

„Ich erkenne meinen Lebensplan und setze Prioritäten."

Erzengel Zadkiel

Trost – Vergebung – Trauerbewältigung – Transformation – Verwandlung

Geliebte Seele, wie oft warst du schon traurig oder verzweifelt? So gerne möchte ich dich mit meinem Trost umfangen, wenn du mich brauchst. Immer wenn dich Trauer befällt, bin ich für dich da und helfe dir, diese Trauer in Licht und Liebe zu transformieren.

Hülle dich ein in mein violett-silbernes Licht. Denke daran, dass du es in der Hand hast, worauf du deine Aufmerksamkeit lenkst, auf das Lichtvolle oder das Leid. Es nützt dir nichts, Verletzungen immer wieder neu zu durchleben, denn dies hindert dich daran, im Jetzt zu leben. Schau nach vorne, damit du ***dein*** *Leben leben kannst und nicht von deiner Trauer gelebt wirst.*

Auch möchte ich dich dabei unterstützen, alles Alte loszulassen und zu vergeben. Dazu ist es sehr wichtig, dass du dir selbst vergibst. Erst wenn du dir und anderen vergeben hast, bist du wirklich frei. Dann kannst du der Schöpfer deines Lebens sein und bestimmen, wo dein Weg dich hinführt. Höre auf deine innere Stimme und zeige auch nach außen ganz klar, wo deine Grenzen liegen, damit diese auch von anderen Menschen respektiert werden. Ich helfe dir gerne.

„Ich vergebe mir und anderen und bin frei."

Erzengel Doro

Leichtigkeit – Freude – im Fluss sein – Karmafreiheit

Ich grüße dich, geliebte Seele. Lass dich von mir einhüllen in mein goldenes Licht und spüre die Freude und die Leichtigkeit. Das Leben kann so leicht sein, warum machst du es dir nur oft so schwer?

Ich unterstütze dich gerne dabei, das Leben von seiner schönen Seite anzusehen und deine Sorgen zu transformieren. Je freudiger du wirst, umso besser bist du im Fluss deines Lebens, und alle Dinge können einfacher gelingen. Ich möchte dir gerne die Sonnenseite des Lebens zeigen, damit du sie mehr und mehr leben kannst. Du hast es verdient. Die Zeiten der Schwere und des Leidens sind vorbei, und alles, was du an Karma von früheren Leben mitgebracht hast, darfst du jetzt loslassen. Du musst nur darum bitten.

Erinnere dich an das göttliche Wesen, das du bist. Lass die goldenen Strahlen weit in die Welt hinausstrahlen. Du und dein Leben werden im Fluss sein, voller Leichtigkeit und Wunder.

„Ich lebe mein Leben in Leichtigkeit.“

Erzengel Raziel

Mystik – Blockaden loslassen – Spiritualität

Geliebtes Wesen, sei gegrüßt aus den weiten Dimensionen des Universums. Lass dich einhüllen in mein regenbogenfarbenes Licht, das alles Wissen enthält.

Bist du dir dessen bewusst, dass du ein göttliches, spirituelles Wesen bist? Deine Fähigkeiten sind weitaus größer, als du es dir vorstellen kannst. So wird jeder Gedanke, jedes Wort, im Morphogenetischen Feld gespeichert, egal, ob positiver oder negativer Natur. Sei dir dessen bewusst, denn es hat Auswirkungen auf dein Leben. Jeder Gedanke möchte sich manifestieren, der positive genauso wie der negative. Also achte darauf, was du dir wünschst, dir vorstellst oder zum Ausdruck bringst. Du hast immer die Wahl.

So viele Leben hast du schon gelebt, und viele Dinge sind geschehen und wurden gespeichert, die jetzt aber nicht mehr gültig zu sein brauchen. Ich helfe dir dabei, diese negativen Glaubensmuster, Blockaden und Traumen aus allen Zeiten zu löschen. Bitte darum, dass diese Dinge, (egal, ob du sie weißt oder nicht, das ist nicht wichtig), jetzt auf sanfte Weise von dir gelöst werden. In meinem regenbogenfarbenen Strahl können sie erlöst werden. Dann kannst du alle deine Fähigkeiten besser entwickeln und deine Spiritualität hier auf Erden leben.

„Auf sanfte Art lösen sich all meine karmischen Blockaden und Traumen.“

Erzengel Sandalphon

Muße – Musik – Schönheit genießen – tiefe Liebe

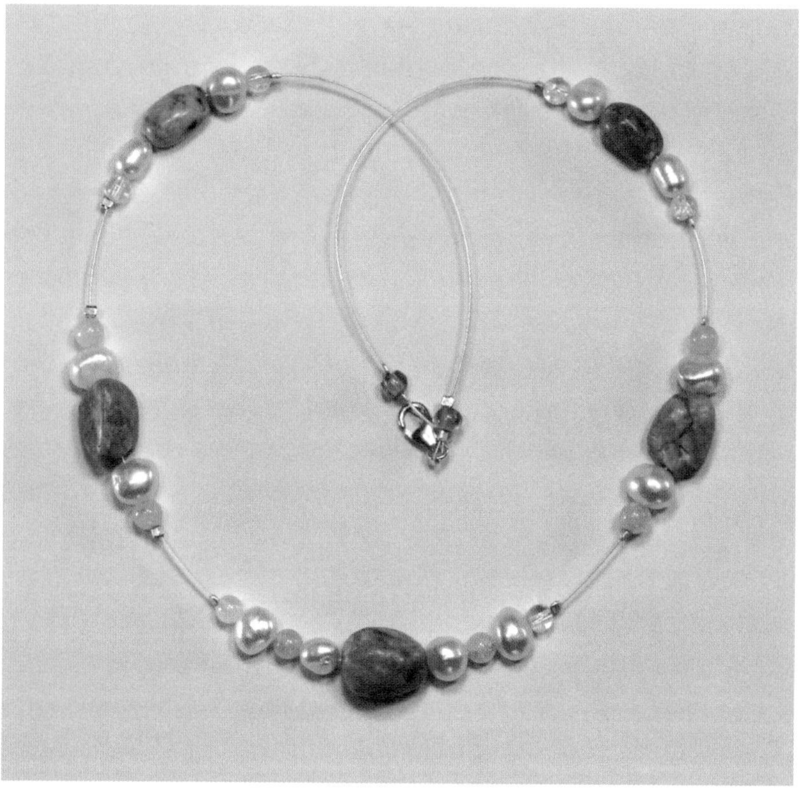

Geliebte Seele, mit meinen zarten, türkisfarbenen Strahlen möchte ich dich tief im Inneren berühren. Fühle dich sanft eingehüllt in mein leichtes, sanftes Licht.

Nimm das Leben nicht so schwer, es ist nicht nur pure Arbeit und Anstrengung. Genieße es, begegne ihm mit Hingabe und finde Zeit für Mußestunden. Ich möchte dich lehren, dass das Leben auch leicht und beschwingt sein kann.

Sorge gut für dich, indem du auch Pausen machst und dich an die schönen Dinge des Lebens erinnerst, seien es Musik oder Kunst, oder was dich sonst noch begeistert. Diese Mußestunden sollen dich an die Leichtigkeit und die Freude erinnern, die das Leben für dich bereithält. Hier kannst du wieder auftanken und deine Seele erfreuen.

Tiefe Zufriedenheit kannst du gerade auch aus der Musik schöpfen. Wenn du möchtest, begleite ich dich gerne beim Singen oder Musizieren. Wenn du dich freust und innerlich beschwingt bist, geht alles im Leben einfacher. Deine Ziele und Träume lassen sich so viel leichter umsetzen.

„Ich genieße mein Leben in vollen Zügen."

Erzengel Chamuel

Liebe – Selbstliebe – Vertrauen – Beziehungen – Nähe – Wertschätzung

Sei gegrüßt, geliebte Seele. Ich umhülle dich mit meinem sanften, liebenden rosafarbenen Strahl. Nichts wünsche ich mir so sehr, als dass du dich als das vollkommene, liebenswerte Geschöpf annimmst, das du in Wahrheit bist. Vertraue deinen Gefühlen und deiner inneren Stimme und akzeptiere dich mit all deinen Stärken und Schwächen.

Gerne unterstütze ich dich dabei, wenn du wieder einmal verzagst und dich nicht liebenswert findest. Du weißt, dass du die Liebe und das Selbstvertrauen nur in dir selbst finden kannst. Erst dann wird sich auch im Außen etwas ändern, und du wirst umso anziehender für andere Menschen, wenn du von innen strahlst. Ich möchte dir helfen, dein Selbstbild zu stärken. So können auch deine Beziehungen besser und liebevoller funktionieren.

Rufe mich, wenn du Rat und Hilfe in einer Beziehung brauchst. Du kannst dich und die anderen in rosafarbenes Licht hüllen und um Liebe, gegenseitiges Vertrauen, Wertschätzung und Respekt bitten. Vertraue darauf, dass meine Strahlen Frieden und Harmonie in die Situation bringen werden.

„Ich bin in Liebe mit mir und anderen."

Erzengel Jophiel

Schönheit – Freude

Ich grüße dich, geliebte Seele. Ich bin Erzengel Jophiel, der Engel der Schönheit. Lass dich an die Hand nehmen und dir all die Schönheiten zeigen, die rund um dich darauf warten, von dir entdeckt zu werden. Öffne dein Herz für die kleinen Dinge, in denen so viel Schönheit und Anmut liegen können, sei es eine Blume oder ein Schmetterling, der von Blüte zu Blüte fliegt.

Sei auch offen für die Schönheit, die in dir liegt. Ich zeige dir, wie viel Leichtigkeit und Freude du empfangen kannst, wenn du bereit dafür bist. Schau nach innen, welche Talente gelebt werden wollen, wobei du pure Freude empfindest. Mit diesen Talenten erfreust du nicht nur dich, sondern auch deine Mitmenschen.

Indem du dankbar bist für die schönen Augenblicke, wird dir noch mehr Freude zuteil werden. Die Fülle wird dir immer bewusster, und du ziehst sie damit immer mehr in dein Leben. Ich helfe dir, deine eigene Schönheit zu erkennen und zum Ausdruck zu bringen.

„Ich erkenne meine eigene Schönheit und bin dankbar dafür.“

Erzengel Ariel

Mut – Tatkraft – Vertrauen

Geliebte Seele, es ist mein großer Wunsch, dir jetzt zu helfen, deinen Weg mutig voranzugehen. Hab Vertrauen in das, was du tust und dir wünschst. Spüre mein kräftigendes rosafarbenes Licht, das dich liebevoll einhüllt.

Lass dich nicht von anderen einschüchtern oder entmutigen, deine Träume zu leben, sondern geh voller Vertrauen voran. Ich möchte dich unterstützen, deinen Zielen und Träumen zu folgen. Vertraue deiner inneren Stimme, dass sie dich führt, und lass dich nicht von deinen Ängsten davon abbringen. Ich helfe dir zu lernen, ganz auf dich zu vertrauen und auch einmal über deinen Schatten zu springen.

Manchmal gehört Mut dazu, Altes hinter sich zu lassen, vertraute Dinge loszulassen, wenn es an der Zeit ist und neue Wege sich für dich öffnen sollen. Fühle dich durch mich liebevoll darin bestärkt und gehe mit Mut voran. Du hast es verdient, deine Wünsche und Träume zu leben. Sei ehrlich mit dir, was du möchtest, und bleib dir treu. Ich begleite dich gerne dabei.

„Ich gehe mutig und voller Vertrauen meinen Weg."

Erzengel Haniel

Innere Schönheit – Anmut – Sanftmut – Ausgeglichenheit – Sensitivität – Intuition

Sei gegrüßt, geliebte Seele, lass dich in mein sanftes, liebevolles silbrig-blaues Licht hüllen. Es ist so wichtig, dass du dich jetzt um deine innere Schönheit kümmerst. Du bist ein strahlendes Wesen, weißt du das überhaupt? Mach dich nicht klein. Verzage nicht, wenn du dich einmal alt und hässlich fühlst, sondern bitte mich um Hilfe, ich unterstütze dich gerne.

Stell dir vor, wie anmutig und schön du bist. Nimm dir Zeit für dich. Auch im Äußerlichen wird sich mein Einfluss bemerkbar machen, du wirst strahlender und jünger aussehen und heitere Gelassenheit ausstrahlen. Es ist jetzt an der Zeit, deine weibliche Seite intensiv wahrzunehmen und zu integrieren.

Ich helfe dir, deine Intuition weiterzuentwickeln und dich besser zu spüren. So kannst du deiner Intuition immer mehr vertrauen und dir deiner eigenen Stärke und Größe mehr und mehr bewusst werden.

Gerne unterstütze ich dich dabei, deine Sensitivität zu verstärken und die weiblichen Attribute zu leben. Lass deine Weiblichkeit und Schönheit in die Welt hinausstrahlen. Sie werden dringend gebraucht.

„Meine Intuition und meine innere Schönheit entwickeln sich mehr und mehr.“

Erzengel Gabriel

Klarheit – Wissen – Reinheit – Reinigung – Entscheidungen – Inneres Kind – Kinderwunsch

Geliebtes Menschenkind, sei herzlich gegrüßt. Ich sende meine klaren weiß-goldenen Strahlen zu dir und bringe dir Klarheit in deine Gedanken und Gefühle.

Wann immer du nicht mehr weißt, wie es weitergehen soll oder du dich entscheiden sollst, kannst du mich rufen und um Klarheit bitten. Ich helfe dir gerne, eine Entscheidung zu treffen, was du in deinem Leben willst. Du hast alles Wissen in dir und musst nur zur Ruhe kommen, um wieder Zugang dazu zu finden. Höre auf dein inneres Gefühl, was dir guttut.

Das Innere Kind wird dir dankbar sein, wenn es endlich wieder mit all seinen Bedürfnissen und Wünschen gehört wird. Es fühlt sich wie ein Jubilieren in dir an, und dann weißt du, es ist richtig für dich.

Ich unterstütze dich auch gerne dabei, wenn du einen Kinderwunsch hast. Rufe mich, und ich begleite dich auf deinem Weg. Mein weiß-goldener Strahl dient außerdem der Reinigung. So kannst du dich von alten Mustern, Gedanken oder unliebsamen Gewohnheiten befreien, die du jetzt nicht mehr brauchst, und leichter und befreit in die Zukunft blicken.

„Ich treffe voller Klarheit meine Entscheidungen."

Mutter Maria

Trost – Geborgenheit – Heilung von seelischen Verletzungen – Hoffnung

Geliebtes Wesen, ich bin Mutter Maria. Schon so lange warte ich darauf, dir zu helfen. Ich sehe so viel Leid, das ich mindern möchte. Lass dich in meine Arme fallen und fühle dich in meinem magentafarbenen Licht geborgen und gut aufgehoben. Ich unterstütze dich dabei, deinen alten Schmerz loszulassen und in Licht und Liebe zu verwandeln.

Lass alle Ängste los, nicht gut genug zu sein, und vertraue sie mir an. Ich helfe dir, schmerzliche Erfahrungen zu lösen, damit du jetzt und in Zukunft frei und unbeschwert leben kannst. Du hast ein Recht darauf.

Erinnere dich in Zeiten des Leids und der Trauer an mich, damit ich dich trösten kann. Liebevoll umfange ich dich mit meiner Liebe und helfe dir, dein Herz zu öffnen. Um so vieles leichter ist es, mit einem offenen Herzen durch die Welt zu gehen, alles wird dadurch strahlender und schöner.

Auch erinnere ich dich an deine innere Kraft, die du nun verstärkt zum Ausdruck bringen darfst. Lass dein Licht hell leuchten, ich unterstütze dich dabei, indem ich dir Hoffnung und Kraft schenke.

„Ich lasse alle schmerzlichen Erfahrungen aus der Vergangenheit los und bin voller Liebe.“

Maria Magdalena

Liebe – Gleichberechtigung von Mann und Frau – Spiritualität leben

Geliebte Seele, sei gegrüßt. Wie lange habe ich darauf gewartet, dass mein Wissen offenbart werden kann. So lange leben wir Frauen schon in der Unterdrückung. Jetzt endlich ist es an der Zeit, aufzustehen und dafür zu sorgen, dass wir unsere Weiblichkeit und unser Frausein gleichberechtigt neben den Männern leben können.

Fühle dich nicht minderwertig, nur weil du eine Frau bist. Du bist genauso ein Geschöpf Gottes und hast die gleichen Rechte wie ein Mann. Sei dir deiner Kraft bewusst, die in dir steckt, und bringe sie zum Ausdruck. Du hast so viele Fähigkeiten, also nimm sie wahr und lebe sie jetzt.

Wenn du dich benachteiligt, unterdrückt oder ungerecht behandelt fühlst, rufe mich und ich hülle dich ein in mein nährendes, liebendes, magentafarbenes Licht, das dich stärkt. Stehe zu dir und deinen spezifischen weiblichen Talenten.

Ich helfe dir auch, alte Verletzungen und Ängste loszulassen und frei zu sein von der Vergangenheit. So kannst du jetzt unbesorgt deine Spiritualität leben. Auch die Liebe wird tiefer und erfüllender, wenn sie in einer gleichberechtigten Partnerschaft gelebt wird.

„Ich darf meine Talente und Spiritualität frei und in Liebe leben.“

Lady Nada

Bedingungslose Liebe – Selbstliebe – Kommunikation auf der Herzensebene – Weiblichkeit

Sei gegrüßt, geliebte Seele. Ich sende dir rosafarbene Strahlen der Liebe. Es ist so wichtig für dich, dass du dich selbst so annimmst und achtest, wie du bist. Je mehr du dich respektierst, desto mehr Liebe und Respekt wirst du auch im Außen gezeigt bekommen. So lange du im Mangel bist, wirst du auch das in dein Leben ziehen.

Wenn du mehr Selbstliebe und Selbstvertrauen brauchst, bin ich für dich da. Gerne hülle ich dich ein in mein weiches rosafarbenes Licht; spüre die Liebe und die Geborgenheit. Du hast es verdient, dich geliebt und geborgen zu fühlen. Strahle diese Liebe nach außen und handle im Sinn dieser bedingungslosen Liebe, und du wirst sehen, wie viel Schönes das Leben dir bieten kann.

Respektiere auch jederzeit andere Menschen, sie suchen wie du nach Liebe und Geborgenheit. Partnerschaften und Beziehungen aller Art werden tiefergehend und liebevoller, wenn du über die Ebene deines Herzens mit den Menschen kommunizierst.

Du kannst mich gerne an deine Seite rufen, wenn du ein „schwieriges“ Gespräch vor dir hast. Bleib mit deinen Worten im Herzen, so kannst du liebevoller mit dir und anderen umgehen.

„Ich gehe liebevoll mit mir und anderen um.“

Neue Engelenergien

(Übermittelt von Christine)

Seit Anfang des Jahres zeigen sich mir auch neue Engel, die mich in meiner Entwicklung unterstützen. Allen voran Engel Starlight, der mich immer wieder an meine Lebensaufgabe und meine Träume und Visionen erinnert. Mit ihm fühle ich mich stark verbunden, er gibt mir Kraft, Inspiration und neue Ideen.

Nun möchte ich auch dir, liebe Leserin, diese kraftvollen Engelenergien vorstellen und zugänglich machen.

☆☆☆

Lady Amethyst

Reinigung – Transformation – Wandlung

Geliebte Seele, gerne umfange ich dich mit meinen violetten Strahlen der Veränderung. Immer wenn du nicht mehr weiterkommst und Dinge in deinem Leben verwandeln möchtest, stehe ich mit meiner weiblichen, sanft und liebevoll verändernden Qualität an deiner Seite, wenn du mich rufst.

Denke daran, alles Leben ist Wandlung, nichts bleibt, wie es ist. Darum hab Vertrauen, dass die Transformation zu deinem Besten geschieht, auch wenn du das momentan vielleicht noch nicht erkennen kannst.

Wann immer du das Gefühl hast, dass sich bei dir etwas ändern sollte, kannst du mich um Unterstützung bitten. Mit meiner violetten Strahlung hülle ich dich in ein reinigendes, liebevolles und dennoch kräftiges verwandelndes Licht.

Stell dir vor, wie die alten Muster, Verletzungen oder Sorgen in der violetten Flamme verbrennen und etwas Neues, Besseres daraus entsteht. Fühle dich erleichtert und freudig, dass das Neue sich jetzt manifestieren kann. Lass das Alte in Liebe los und sei bereit, dass sich dein wahres Wesen mit all seinen Fähigkeiten jetzt wieder ein Stück mehr entfalten darf.

„Ich wandle mich im Fluss des Lebens."

Engel Muriel

Allumfassende Geborgenheit – Geburt

Geliebte Seele, ich kenne dich schon lange und freue mich, dass du mich jetzt endlich gefunden hast. Lass dich in meine liebevollen Arme fallen und genieße das Gefühl der allumfassenden Geborgenheit.

Endlich darf ich dich zurückführen in dieses Gefühl, das auf unserer Ebene normal ist. Du hast es dir ausgesucht zu erfahren, wie es sich anfühlt, ohne Geborgenheit zu sein. Jetzt ist es an der Zeit für dich, dich wieder deines Ursprungs zu erinnern, und du darfst dich diesem Gefühl des All-Eins-Seins endlich hingeben.

Ich möchte dir dabei helfen, dir bewusst zu werden, dass du unendlich geliebt wirst, hülle dich ein in mein lachsfarbenes Licht, und die Geborgenheit umfließt dich wie ein warmer Sonnenstrahl. Genieße das Gefühl, dich vollkommen eins zu fühlen mit Allem-was-ist und geborgen zu sein im Licht der bedingungslosen Liebe.

Sei dir gewiss, dass ich dich zu jeder Zeit einhüllen kann in dieses Gefühl der Geborgenheit. Wann immer du mich brauchst, rufe mich, und schon bin ich bei dir, und du darfst dich liebevoll von mir umarmt fühlen.

„Ich bin wunderbar geborgen."

Engel Miriam

Inneres Kind – spielerische Leichtigkeit – Freude

Geliebtes Menschenkind, ich grüße dich von ganzem Herzen. Ich möchte dir wieder deine spielerische, kindliche Seite zeigen, die so lange in dir verborgen war. Nimm das Leben wieder mit Kinderaugen wahr. Staune über all die schönen Dinge in dieser Welt. Wenn du mit Leichtigkeit durch die Welt gehst, siehst du so viel mehr als mit Sorgen im Herzen.

Ich möchte dir helfen, deine spielerische Seite wieder zu entdecken. Überlege dir, woran du als Kind Freude hattest, und tue diese Dinge, auch wenn sie dir als Erwachsene verrückt erscheinen. Du wirst spüren, wie dein Inneres Kind sich freut und jubelt.

Gerne nehme ich dich an die Hand und bringe dir wieder das Staunen bei. Du wirst sehen, wie du mit Leichtigkeit alles viel einfacher erreichen und dein Ziel viel deutlicher erkennen kannst. Dies ist mit Schwere und Kummer nicht gut möglich. Also öffne dich für die leichte Seite des Lebens und entdecke, was das Leben alles für dich bereithält.

Spüre die Freude in dir, und alle Lösungen werden einfacher. Wenn du tust, was dein Herz dir zuflüstert, kommen mehr Fülle und Freude in dein Leben.

Sei gegrüßt und umarmt von meinem lavendelfarbenem Licht.

„Ich lebe die spielerische Seite in meinem Leben.“

Engel Starlight

Visionen – Träume verwirklichen – Bestimmung

Geliebte Seele, sei gegrüßt von mir, dem Engel für Visionen. Ich komme heute zu dir, um dich auf deinem spirituellen Weg zu begleiten und dir deine Träume und Visionen bewusst zu machen, damit du sie jetzt verwirklichen kannst. Die Zeit ist reif dafür.

Ich möchte dir helfen, dein wahres Wesen zu erkennen und dich mit all deinen speziellen Talenten in den Dienst der Menschheit zu stellen. Alle Menschen werden gebraucht, um beim Aufstieg mitzuarbeiten. Darum lass dich auf dein Inneres ein, erfahre dein wahres Selbst, und du wirst spüren, wie du auf der Erde am besten wirken kannst.

Erkenne mit meiner Hilfe dein strahlendes Wesen und lass dein Licht weit strahlen und leuchten. Mein diamantfarbener Strahl begleitet dich und stärkt deine Intuition, damit du zu deiner wahren Aufgabe finden kannst. Nur wenn du ganz bei dir bist, kannst du für andere leuchten. Du wirst dich in dieser Inspiration wohlfühlen und anderen Menschen den Weg zeigen können.

Fasse Mut und lass dich von mir unterstützen, zu deiner wahren Bestimmung zu finden. Vertraue darauf, dass sich deine Visionen und Träume verwirklichen lassen, und gehe mit Freude und Enthusiasmus voran, um deine Bestimmung zu leben.

„Ich erkenne meine Aufgabe und lebe meine Vision."

Engel Aurelia

Fülle – Freude – Schöpferkraft – Licht

Geliebtes Menschenkind, ich bin der Engel der Sonne und umfange dich mit meinen goldenen Strahlen. Sonne dich im goldenen Licht.

Ich möchte dich darin unterstützen, dir deines Lichts bewusst zu werden und es so hell leuchten zu lassen wie die Sonne. Stell dir meine goldene Sonne in deinem Herzen vor und lass die Strahlen weit nach außen leuchten. Schau auf die Sonnenseite des Lebens und auf all die Fülle um dich herum. Lass die Schatten hinter dir, ich helfe dir dabei, wenn du meine Unterstützung dazu brauchst.

Schau, wie viel mehr dir das Leben bieten kann, wenn du es nur zulässt. Wenn du mich rufst, umhülle ich dich mit meinem goldenen Licht und helfe dir, alle dunklen Schatten zu beseitigen, die dich noch umgeben.

Stell dir vor, wie dich das goldene Licht bis in jede Zelle durchdringt und du dich ganz geborgen darin fühlst. Und dann stell dir vor, wie dieser goldene Strahl von deinem Inneren in die ganze Welt hinausstrahlt. Schau, wie alles leichter wird und du freudiger durchs Leben gehen kannst. Genieße es!

„Mein Licht strahlt in die Welt hinaus.“

Geistige Begleiterinnen ab 2012

(Übermittelt von Zora)

Mereditha und die rosafarbene Engelflotte

Tatkraft – Pionierarbeit – Tapferkeit – Furchtlosigkeit

Ich bin eine Sternenfrau und Führerin der rosafarbenen Engelflotte. Mein Zuhause ist das gesamte Universum. Ich bin im Einsatz für alle Planeten und dafür zuständig, neues Wissen in die Welt zu bringen. Meine Energieschwingung ist geprägt von meinem unermüdlichen Willen und meinem selbstlosen Einsatz für dich, geliebtes Menschenkind.

Meine Energie zeigt dir deine kraftvollen Seiten. Du bist tapfer, furchtlos und ritterlich. Entfalte deine weiblichen Stärken, sei eigenmächtig und tatkräftig. Du hast die Kraft, geradeaus zu gehen, deine Aufgaben anzupacken und zielgerichtet voranzukommen.

Wie ich bist auch du eine Friedensbotschafterin, jederzeit bereit, dich für Frieden, Liebe, Fortschritt, Lebendigkeit und Stärke einzusetzen. Meine rosa Engelflotte, die in unterschiedlichen Formationen hinter mir fliegt, sorgt dafür, dass du spielerisch bleibst und ohne Verbissenheit die nötigen Schritte in Angriff nimmst, die in deinem Leben fällig sind. Ich zeige dir, was Entscheidungsfreude ist. Du bist jetzt bereit zum Aufbruch! Nimm diesen Impuls wahr, triff deine Entscheidung und handle! Du hast die Kraft dazu, du bist bereit. Und du bist Vorbild für viele, die dir folgen werden.

Ich lade dich ein, entschlossen deinem Herzen zu folgen und die Dinge anzupacken, die notwendig sind, um erfolgreich zu sein und dich wohlzufühlen. Glaube fest an dich und deine Vision! Du bist die reine Liebe. Du bist das Glück. Du bist der Ausdruck göttlicher Schöpfung. Du bist alles!

„Ich schreite mutig, kraftvoll und voller Entscheidungsfreude voran auf meinem Lebensweg.“

Lady Unicorn und die Einhornherde

Feinheit – Höflichkeit – Gerechtigkeit

Ich bin reine, feine Energie, die dich so sanft wie ein Engelsflügel umhüllt. Ursprünglich komme ich mit meiner Einhornherde über das Tor in Cornwall. Meine Einhörner und ich sind scheu. Wir meiden Menschenansammlungen, sind stets korrekt und auf Fairness bedacht. Gerechtigkeit ist unser höchstes Gut.

Wir lieben und erschaffen ästhetische Faktoren, die dein Leben verschönern und bereichern. Alles Feine, Gute, Leuchtende ist unsere Botschaft. Stets bin ich, Lady Unicorn, an deiner Seite, um dich mit weißer und reiner Kraft zu dir selbst zu führen.

In dir schlummern Einhorntalente und die Behutsamkeit, mit deinen Mitmenschen höflich, tolerant, einfühlsam und verständnisvoll umzugehen. Ich lade dich ein, zu deiner Grazie und Eleganz zu stehen, sie zu ehren und zu loben. Du bist wertvoll, weil du rücksichtsvoll und edel bist. Dein edles Gemüt, das sich nicht in den Vordergrund spielt, sondern anderen den Vortritt lässt, ist eine weibliche Eigenschaft, die ihre eigenen Wunder in sich trägt.

Ich bin bei dir, wenn du diese reine Feinheit und Ästhetik in dir entfalten willst und einen Schutzraum für deine Künste, deine liebliche Zartheit, deine Schüchternheit und dein Anderssein brauchst. Ich leuchte dir den Weg der Sanftheit, die wahre Größe in dir entstehen lässt. Innerhalb dieser Feinheit und Sanftmut liegt die wahre Stärke deines Seins.

„Ich ehre die Feinheit, Sanftheit, Eleganz und Grazie in mir.“

Carmina

Ausgleich – Diplomatie – Einfühlungsvermögen

Ich bin Carmina und komme über Fuerteventura zu dir. Türkisfarben wie das Meer ist mein Sein. Ich bin eine Heilerin der Kommunikation und Gesprächsführung. Mein Geschenk an dich ist, dich geschickt und zum Wohl aller in jegliche Situationen und Empfindungen einfühlen zu können. Du wirst durch mich fähig sein, Ausgleich zu schaffen, wenn etwas aus dem Gleichgewicht geraten ist.

Innerhalb von Beziehungen, an deinem Arbeitsplatz oder auch in der Freizeit ist es manchmal nötig, diplomatisch vorzugehen und die Kraft zu haben, harmonisch zu wirken. Du wirst die Möglichkeiten finden und sehen, in denen du mit meiner Hilfe so kraftvoll bist, dass du alle negativen Emotionen transformierst und dadurch für Ausgleich und Wohlgefühl unter allen Beteiligten sorgst.

Dein Einfühlungsvermögen wird dich nicht schwächen, sondern dir Erfüllung und Liebe schenken. Du wirst das Wort ergreifen und über eine wunderbar liebevolle und dennoch nachdrückliche und eindrückliche Gesprächsführung für Frieden, Freiheit und Harmonie sorgen. Mein täglicher Segen ist mit dir, sodass dein Tun, Denken, Handeln und Reden erfolgreich sein werden.

„Ich setze mich liebevoll, aber nachdrücklich und kommunikativ für Frieden, Freiheit und Harmonie ein."

Fairy

Fantasie – Poesie – geistige Kräfte

Mein liebes Menschenwesen, ich heiße dich willkommen in meinem Garten der Poesie. Mein Reich ist ein Ort voller Schönheit und Ästhetik, getragen von den Kräften des Geistes und der unendlichen kreativen Fantasie. Meine ursprünglichen Gründe sind weite Wiesen und Wälder, und es grünt und blüht in meinen fantastischen Gärten des ewigen Frühlings und Wohlbefindens.

Jederzeit kannst du dich mit mir hinwegträumen, deine eigene Fantasie nutzen und dort fündig werden, um in aller Ruhe deinem Leben Gestalt zu geben. In den zauberhaften Gärten des puren Wohlbefindens wirst du in Hülle und Fülle schöpfen können. Du wirst dich erholen, inspiriert werden und voller Tatkraft deiner geistigen Fülle folgen können.

Ich führe dich mit zärtlichem Gesang und Tanz durch das Reich der magischen Schöpferkraft, jubelnd und vergnügt. Denn das Leben ist ein einziger Gesang, ein einziger Tanz, ein poetisches Werk aus Licht und Liebe. Du wirst so sehr geliebt von mir, also beginne, selbst zum fließenden Strom der Fantasie zu werden.

„Ich erhole mich in den fantastischen Gärten der Poesie und Fantasie."

Lilly

Häuslichkeit – Begnadete Hände – Künstlerisches Tun

Ich bin Lilly, die Zauberin des Hauses. Als Frau liegt in dir die ganze Kraft der Gestaltung, sodass du deinem Heim Liebe und Güte zukommen lassen kannst.

Sieh nur, wie kreativ du bist! Sieh und erlebe, wie deine begnadeten Hände Lobpreis enthüllen! Nicht nur das künstlerische Wirken ist in dir verborgen, auch die Freude daran, dein Heim liebevoll einzurichten, herzurichten, zu pflegen und zu verschönern liegt in deiner Kompetenz. Du findest einen Teil deiner Lebenserfüllung im sichtbaren, spürbaren und erlebbaren Tun deiner Hände. Lass diese Kraft aus dir herausbrechen. Verströme dich in die Gegenwart des liebenden Tuns. Schätze es wert, dass du häuslich bist, Segen über dein Heim bringst und dich selbst dadurch veredelst.

In deinem Schoß ruht das Gebet der gesamten Schöpfung, das kreative Begreifen und Erfüllen des Frauseins. Von nun an kannst du mit Leichtigkeit und Schwung deine täglichen Aufgaben erfüllen. Die pure Freude wird dich leiten. Ich schenke dir den Glanz der Selbsterkenntnis, dass du ein wunderbares weibliches Wesen bist, das die Gabe der Schönheit in beiden Händen hält. Sei stolz auf dich!

„Es ist erfüllend, die Kraft der Gestaltung und des künstlerischen Wirkens in mir zu spüren."

Crystal

Weitblick – Klarheit – Festigkeit – Durchhaltevermögen

Sei von Herzen gegrüßt, liebste Frau. Ich heiße Crystal und komme über die hohen Berge der Alpen zu dir. Meine Energie ist voller Festigkeit und Klarheit. Wie ein Kristall bin ich durchsichtig, um bis zum Grund deines Herzens vorzudringen und dich zu fragen, was deine tiefste Sehnsucht ist.

Werde dir klar über die Sehnsüchte deiner Seele. Sieh in dir den diamantenen Schimmer des Weitblicks und der absoluten Klarheit. Du erkennst dich ohne Lügen, Ausflüchte, Ideale und Projektionen. Ohne Erwartungen bist du jetzt klar und rein und stark genug, ein Durchhaltevermögen zu entwickeln, das dich alle Hürden des Lebens meistern lässt.

Meine Energie ist nicht schwer, aber sie ist auch nicht leicht oder beschwingt. Sie ist klar, sodass du das Wesentliche deines Lebens erfahren kannst. Sobald du dich deiner inneren Klarheit anvertraust, gewinnst du Ruhe und Frieden. Du wirst selbst zu einem Kristall und kannst dich klar strukturieren und äußern. Klarheit wird sich in deinem Alltag spiegeln und dir Resultate bescheren, die deine Schritte durchs Leben sichern und dir festen Halt schenken. Du wirst von innen heraus leuchten und strahlen, klar und sicher im Leben stehen und wissen, was zu tun ist. Analytisch wirst du einerseits abwägen und andererseits deine Herzenskraft zum Einsatz bringen. Du wirst Herz und Verstand vereinen und Weitblick sowie Klugheit und Weisheit erlangen. Und du wirst jederzeit klar in deinen Entscheidungen sein und deinen Weg Schritt für Schritt zu gehen wissen.

„Ich sehe mich und meinen Weg klar und deutlich vor mir, um der Sehnsucht meiner Seele zu folgen.“

Lara

Mut – Authentizität – Selbstpräsentation

Wenn du dich mutig fühlen willst, dann tauche ein in meine Energie. Ich bin Lara, die Starke und Mutige aus dem ewigen Sein. Das australische Tor bringt mich direkt zu dir. Hier bin ich, um dir im Rücken zu stehen, dich zu stärken und dir die Kraft zu schenken, authentisch deinen Weg zu gehen.

Du musst dich nicht verstellen, sondern kannst ehrlich zu dir selbst sein. Sei die, die du bist. Sei es mit Selbstliebe, Selbstachtung und Wertschätzung. Nur wenn du dich selbst wertschätzt, können andere es auch tun.

Ich schenke dir das Bewusstsein, dich nicht verstekken oder kleinmachen zu müssen. Vor allem nicht vor dir selbst. Präsentiere dein Selbst, denn es ist der Ausdruck deiner Seelenkraft. Deine Seele schimmert in allem, was du denkst, fühlst und tust. Es ist selbstverständlich, dass du individuell und einzigartig bist, dass du so bist, wie du bist. Stehe dazu. Übernimm die Verantwortung für dein Leben, deine Stimmungen, Gefühle und Gedanken. Niemand sonst ist schuld. Auch du nicht. Bleib bei dir selbst. Übernimm die Verantwortung für die Gestaltung deines Daseins, deines Lebens. Wenn du authentisch bist, kannst du am besten den Spuren deiner Seele folgen und im Fluss des Lebens schwimmen. Dann wird es einfach sein, deine Wege zu gehen. Die Türen werden sich öffnen, und mühelos wird sich dein Schicksal entfalten.

„Ich liebe es, authentisch zu sein und ehrlich zu mir selbst zu stehen.“

Miss Miriam

Unbeschwert alle Situationen heilen lassen – Unbekümmertheit

Mit mir, mein liebstes Erdenkind, kann alles heilen, was in dir durcheinandergeraten ist. Ich setze dir hoffnungsvolle Strahlen ins Gemüt, sodass alle Situationen heilen können, die dich belasten. Es wird unbekümmert geschehen, sorglos im Fluss der Dinge und Ereignisse. Ich werde dafür sorgen, dass du deine Gedanken weglenkst von deinen Problemen und ganz bei der Freude deiner Seele verweilst.

Ja, frage dich, was deine Seele erfreut. Worüber kannst du lachen? Was bedeutet dir etwas? Was lässt dich erblühen? Was bringt deinen Seelenplan zur vollen Entfaltung?

Selbst wenn du nicht auf jede Frage eine Antwort hast, werde ich, Miss Miriam, in tiefer Liebe zu dir die göttlichen Heilstrahlen in dich gleiten lassen. Gottes Kraft wird sich in dir bewegen und deine Selbstheilungskräfte entfachen. Du wirst wiegend und tröstend Linderung all deiner Qualen erfahren und schließlich im Loslassen der Pein komplett heil und lichtvoll werden. All dies wird aus dir heraus geschehen.

Freue dich, sei unbeschwert, richte deine Aufmerksamkeit auf das Heilwerden und lächle, denn alles ist gut und voller Leuchtkraft. Der Wille des Schöpfers manifestiert sich in dir. Hab Vertrauen in die göttlichen Kräfte, die in dir wirken. Alles wird gut sein und richtig, so, wie es der göttlichen, heilenden Ordnung entspricht. Du wirst auf eine besonders mühelose Art deine ganz persönliche Heilung erfahren.

„Ganz unbeschwert erfahre ich meine ganz persönliche Heilung."

Marie-Fleur

Inspiratives, intuitives Tun

Liebste, ich bin Marie-Fleur, ein ganz feines Wesen, das dir mit Respekt und Wohlwollen begegnet und dich zärtlich und liebevoll inspiriert. Ich bin die Meisterin der intuitiven Tat, gekommen, um dich daran zu erinnern, dass in dir die edelsten und feinsten Kräfte walten, die tief in dir verborgen schlummern, aber dir stets wissend zur Seite stehen. Mit mir zusammen wird deine Seele ihren wundervollen Pfad entdecken und intuitiv die richtigen Schritte unternehmen, die jetzt wichtig sind, damit sich dein Seelenplan voll und ganz entfalten kann.

Ich bin die zarteste Blume, die in dir erblühen wird, wenn die Zeit reif ist für das behutsame Entfalten deines Seelenplans. Dann wirst du es wissen. Und du wirst wissen, was gut und richtig für dich ist, auch wenn dein Verstand vielleicht dazwischengeht und urteilt. Du wirst intuitiv wissen, dass die Entscheidungen deines Herzens und deiner Seele richtig sind, wie auch immer sie aussehen und wie unverständlich sie deinen Mitmenschen sein mögen. Jegliches Urteilen wird komplett von dir abfallen. Du wirst täglich aufs Neue von jedem Atemzug, den du nimmst, inspiriert sein. Jeder kostbare Augenblick des Lebens wird in deinen Alltag gleiten und dich tief berühren. So werden deine kreativen Gaben wieder vollständig neu geboren.

„Ich vertraue meiner Intuition und folge den Entscheidungen meines Herzens.“

Shelly

Wissen des Meeres

Ich bin Shelly und in den Meeren dieses Universums zu Hause. Ich komme von sehr weit her, von den Meeresenergien der gesamten Schöpfung.

Liebstes Menschenkind, ich mache dich vertraut mit dem Wissen dieses universalen Geheimnisses. Du trägst die Frische, die lebendige und fließende Kraft des Wassers in dir. Wellen des Wohlbefindens werden dich berühren und dir die kraftvollen Energien zeigen, die du selbst in dir erzeugen kannst. Denn auch du sendest Wellen aus. Lass es Wellen der Begeisterung, der Liebe und auch der Lust sein.

Freue dich am Leben, lass zu, dass dich Lebenslust mit Leidenschaft und Zartheit zugleich durchflutet. Das Wissen des Meeres erfrischt dich und hilft dir beim Loslassen alter Gewohnheiten und Muster. Es befreit dich von veralteten Energien und reinigt dich ganzheitlich mit Leib und Seele. Du wirst durchflutet werden von strömender Stärke und helle Freude darüber empfinden, dass es diese Welt gibt. Und dass es dich gibt.

Du bist gesegnet, im Wasser der Wellen neu geboren, um die Schönheit der Schöpfung zu preisen und glücklich zu sein. Verströme dich, sei wie das Meer und fühle die Weite in dir, die du für deinen Alltag benötigst.

„Ich fühle die unendliche Weite in mir und verströme mich ans Leben.“

Victoria

Korrektheit – Ehrlichkeit – Gradlinigkeit

Geliebte Frau, ich nenne mich Victoria und erinnere dich an besondere Tugenden, die in dir schlummern und immer wieder mal erweckt werden wollen.

Mein Geschenk an dich sind Ehrlichkeit und Gradlinigkeit. Höflich und korrekt wirst du von mir geleitet, um in dir diese Kräfte zu entfalten. Du bist ein Menschenkind der Wahrheit, und es wird keine verletzende Wahrheit sein, die du ausstrahlen wirst. Ganz integer und eins mit dir selbst wirst du dein Denken, Fühlen und Handeln auf diese Ehrlichkeit und Gradlinigkeit abstimmen.

Du kannst dem Fluss des Lebens vertrauen. Es wird dir nichts geschehen, wenn du eine friedliche, harmonische Ehrlichkeit ausstrahlst und deinen Lebensweg ehrenhaft und gradlinig beschreitest. Mit mir an deiner Seite fällt es dir leicht, dir gegenüber korrekt zu handeln. Du bist und bleibst dir treu und vertrittst ehrlich deinen Standpunkt, auch wenn er von der Meinung anderer abweichen sollte.

Ehrlichkeit wird dich führen, wenn du in zwiespältige Situationen geraten solltest. Denn nur die Ehrlichkeit deiner Seele wird wissen, welcher der richtige Weg ist. Und dann wirst du dein Anliegen genauso frei und ehrlich vorbringen können, ganz gerade, ohne Umwege, aber mit sicherem Schritt durchs Leben.

„Ich bin mir selbst treu."

Estrella

Weite – Universalität – Einheit mit Allem-was-ist

Von weit komme ich, vom Ende des Universums – dort, wo Anfang und Ende sich treffen, ist mein Zuhause.

Ich strahle in dich hinein wie ein Stern, der das gesamte Universum in sich trägt. So trägst auch du den ganzen Kosmos in dir. Die gesamte Schöpfung spiegelt sich in deiner Seele, in deinen Augen, in deinem Antlitz. Du bist berührt davon, um dich mit allem eins zu fühlen, deine eigenen Grenzen zu überwinden und dich in der Weite des Daseins zu verströmen. Nichts kann dich beengen, nichts kann dir mehr Angst machen. Du fällst in die Hände Gottes, wenn du die Weite in dir annimmst. Denn letztendlich gibt es nichts außer der Einheit mit Allem-was-ist.

Du bist die Schöpfung, das Geschaffene und Erdachte. Du bist Anfang und Ende zugleich. Du bist das irdische Leben, aber auch die Unendlichkeit. Du bist Idee und Gedanke, du bist Manifest der Materie, du bist alles. So kann das Gefühl der Weite stets in dir präsent sein. Vor allem in Momenten der inneren Bedrängnis erkenne in dir das Bewusstsein von Weite und Einheit. In dir liegt die Ewigkeit. Du bist unendlich, und du wirst unendlich geliebt.

„In mir liegt die Ewigkeit der Unendlichkeit.“

Aurora

Sonnenaufgang – Neubeginn – Voranschreiten

In mir, geliebtes Menschenkind, liegt der Neubeginn. Ich bin für dich da, wann immer du mich brauchst. Lege also alle deine Sorgen in meine Hände und vertraue auf das Voranschreiten der linearen Zeit. Sie wird dir zeigen, dass die Sonne jeden Morgen wieder aufgeht und du dich jederzeit für einen Neubeginn entscheiden kannst.

Du hast die Macht und die Kraft, in dir alle Zartheit der Welt entstehen zu lassen, um wie der Sonnenaufgang jubelnd dein Leben zu begrüßen. Alles ist neu. Alles ist aufregend. Alles ist begeisternd. Alles ist interessant. Bewahre dir diesen Sinn für die Begeisterung im Leben. Sieh alles mit den Augen der Liebe und so, als ob du es zum ersten Mal erleben würdest, voller Freude wie ein Kind.

Ich, Aurora, bin der Sonnenaufgang in deinem Leben. Du erhebst dich aus der Asche deiner Gewohnheiten und Ängste. Du wirst zum Sonnenaufgang und strahlst dir mit frischem Mut und neuer Kraft zu. Spüre in deine Kraft hinein und heiße sie willkommen. Öffne ihr dein Herz und deine Seele. Freue dich, dass es dich gibt. Freue dich, dass in deinem Leben jederzeit ein Neubeginn möglich ist, was auch immer geschehen sein mag.

Du wendest dich nach vorne, blickst in die Zukunft und gehst deinen Weg mit dem Gefühl der Freude und der Stärke der erwachenden Sonne. Erwache, strahle und liebe! Es ist alles wunderbar.

„Ich strahle wie die erwachende Sonne.“

Aphroditha

Die Schönheit der Schöpfung anerkennen

In mir lag schon immer der Hauch der Schönheit. Es ist die Schöpfung selbst, die mich beauftragte, dir meine Geschenke zu übermitteln. Ich führe dich sanft und sachte zu dir selbst und halte dich an, dich mit den Augen der Liebe zu betrachten.

Welch wunderschönes Wesen du bist! Wie zauberhaft deine Seele leuchtet! Wie herrlich dein Körper das Antlitz der Erde spiegelt! Du bist das Schöne in dieser Welt, einfach weil es dich gibt. Denn die Schöpfung ist Schönheit, Harmonie und Gleichklang. Ihr ureigener Klang ist der göttliche Klang der Ordnung in perfekter und vollkommener Schönheit. Du kannst jeden Splitter in dir entdecken, wenn du dich der Liebe zuwendest. Dann nämlich strahlen Leib und Seele miteinander, und es ist irrelevant, dass du immer älter wirst und deine Tage im irdischen Dasein früher oder später gezählt sind. Schönheit ist ein innerer Zustand der Selbstzufriedenheit. Und diese erlangst du nur, wenn du die Dinge so anerkennst, wie sie sind. Es ist, wie es ist. Du akzeptierst das Dasein mit all seinen Seiten und Facetten. Und alles ist in Ordnung, in göttlicher Ordnung. Das Begreifen und Akzeptieren löst jegliche Unzufriedenheit auf.

Auf einmal steht dir wieder alle Energie zur Verfügung, die du vorher darauf verwendet hast, dich anzuklagen und an dir nur Fehler zu sehen. Diese Energie verwende auf den Lobpreis, den Jubel und die Freude darüber, dass es dich gibt und du Teil dieser wunderbaren Schöpfung bist.

„Ich erkenne die Schönheit der göttlichen Schöpfung in mir an.“

Raven

Verbundenheit mit dem Wissen der Ahnen – Gute Erdung – Ausgleich von Realismus und Idealismus

Raven heiße ich, und meine Kraft verbindet dich mit dem uralten Wissen von Mutter Erde. Ich bin die Stimme deiner Heimat, die Manifestation der Lebendigkeit und für dich da, um dich daran zu erinnern, dass du ein Kind dieser Welt bist, inkarniert in einem menschlichen Körper.

Liebe das Leben, wie es ist, akzeptiere seine sonnigen sowie schattigen Seiten, dann wirst du dich wohlfühlen und gut geerdet sein. Das Menschsein bringt sehr viele Herausforderungen mit sich, aber wisse, dass du stets eingebunden bist im Kreis des Lebens, in der Vereinigung von Vergangenheit, Gegenwart und Zukunft, begleitet von deinen Ahnen und jenen, die nach dir kommen werden.

Ich verankere in dir die Gewissheit, dass du genau richtig bist auf der Welt. Dein Platz ist jetzt hier, nicht in den geistigen Gefilden, zu denen du einst zurückkehren wirst. Du hast die Kraft, deinem Leben Gestalt zu verleihen, sonst wärst du nicht Mensch geworden. So, wie es ist, ist es richtig. Du wirst dein Leben meistern, weil ich dir die Möglichkeit offeriere, alles Ideelle und Geistige mit den gegebenen Tatsachen zu verbinden. Du wirst jederzeit Ausgleich erfahren und stets neue Kräfte sammeln, um die Weisheit der Völker in dir lebendig zu halten und eine Wissende zu sein. Du kannst dein Leben lieben – als Mensch und besonders als Frau –, denn das ist deine Bestimmung in diesem Leben. Genieße es, eine lebendige Frau zu sein.

„Ich genieße es, eine Frau zu sein und meine Bestimmung zu leben.“

Gloria

Überschwang – Fülle – Lebendigkeit

Willkommen, geliebtes Wesen, ich bin Gloria, eine geistige Präsenz der Fülle. Meine üppigen Energien werden dich fluten. Du wirst dich sehr lebendig fühlen und energetisiert werden. Ich begleite dich in den Überschwang des Lebens.

Schöpfe viel. Schöpfe wild und leidenschaftlich aus der Fülle und der Glut des Lebens. Berausche dich an der Schönheit der Schöpfung und feiere, dass du ein Teil dieser Schöpfung bist. Du bist wahr gewordene Schönheit, wahr gewordene Weiblichkeit, wahr gewordene Fruchtbarkeit und Kreativität. Fühle dich mehr als lebendig. Fühle dich euphorisch. Genieße den Zustand reinster und prachtvollster Fülle und Vollkommenheit. Geize nicht und warte nicht auf andere Zeiten. Jetzt ist die beste Zeit, den Lobpreis der Existenz anzustimmen.

Entsprechend sende dir selbst die überschwänglichste Liebe, die du erwartest, und verschenke sie gleichsam an alle Lebewesen. Es ist genügend für alle da. Wirklich für alle! Gottes Liebe ist unermesslich und unendlich. Du kannst es bis in deine Körperzellen hinein spüren, wie sehr du geliebt wirst und ein Kind Gottes bist, denn du trägst es in dir wie eine leuchtende Fackel. Du bist das Feuer der Lebendigkeit. Lenke deinen Blick auf diese Lebendigkeit. Sei stolz und verströme dich voller Wonne. Ich bin bei dir, um dir zu zeigen, wie wunderbar es ist zu leben!

„Ich bin das Feuer der Lebendigkeit und trage Wonne und Fülle in mir."

Bella

Inneres Strahlen – Herzensliebe – Natürlichkeit

Ich bin eine interstellare Energie, die dich über Australien erreicht. So leicht wie mein energetischer Name ist meine Botschaft an dich.

Du bist ein Kind der inneren Strahlkraft, so wunderschön hell und leuchtend, dass es eine Freude ist, sich mit dir zu verbinden. Alle deine Ängste vor deiner inneren Größe lösen sich auf. Gefahrlos kannst du dich auf den Weg begeben, reine Herzensliebe auszustrahlen. Niemand wird dich verletzen, denn du wirst unverwundbar sein, auch wenn dich manch hartes Wort treffen sollte oder du Ablehnung erfährst. Dies alles betrifft dich nicht, sondern prallt an dir ab, denn du weißt um dein inneres, unzerstörbares Licht.

Du bist das Licht. Du bist das Strahlen. Du bist die Liebe. Es wird für dich natürlich sein, dein Herz weit offen zu lassen und die Quelle der unendlichen und ausstrahlenden Liebe in dir zu finden. So kannst du dich verströmen, in der Gewissheit, dass du mühelos die Kraft für alles hast, was dir dieses Leben beschert. Bleib ganz bei dir, öffne dein Herz und lass es erkennen, dass du strahlst und liebst. Und alle Schatten um dich herum werden sich natürlich und selbstverständlich auflösen.

„Ich weiß um mein unzerstörbares inneres Licht.“

Mauricia

Weitsicht – Nachsicht – Gnade

Über die chilenischen Energietore erreicht dich meine Botschaft, geliebtes Erdenkind. Ich bin Mauricia, die Weitsicht, Nachsicht und Gnade.

Mein Geschenk an dich ist, immer wieder nachsichtig zu sein. Urteile und verurteile nicht, weder dich, noch deine Mitmenschen oder die Situation der Erde. Alles hat seine Richtigkeit, jeder durchlebt seine Lernprozesse und trägt in sich menschliche Gaben, aber auch Schwächen.

Fühle dich in der göttlichen Gnade gesegnet, denn in dir ist das Bewusstsein, dass dein göttliches Selbst absolut vollkommen ist, auch wenn dein menschliches Ich alles in sich trägt, was diese Welt kennzeichnet. Und dazu gehören eben auch Untugenden, Fehler und Schwächen.

Im Irdischen gibt es keine Perfektion, obwohl du sie als göttliches Geschöpf in dir hast. Deshalb betrachte dich und alles Geschaffene mit der inneren Weitsicht, dass du nicht alles mit deinem Verstand wirst erfassen können und nur die Hingabe ans Dasein in die göttliche Gnade bringt. Dann wird alles gut sein, wie es ist. Du wirst Frieden finden und die Kraft haben, deine schöpferischen Gaben zu deinem und zum Wohl aller zu leben.

„Ich gehe mit Weitsicht durchs Leben und gebe mich in Liebe meinem Dasein hin."

Terena

Rückzug – Besinnung – Abgrenzung

Fühle dich geliebt, du weibliche Göttin des Irdischen. Ich heiße Terena und gebe dir die Möglichkeit, dir innerhalb deines Alltags das Recht auf Rückzug zu nehmen.

Das irdische Dasein bringt es mit sich, dass du alles erfahren kannst, was diese Welt ausmacht. Dazu gehört die Erfahrung der Verschmelzung. Jederzeit kannst du dich eins fühlen mit Allem-was-ist. Aber um dich selbst zu spüren, als Mensch und als Frau, benötigst du Besinnung und zeitliche Abgrenzung für Meditationen, innere Einkehr, Selbsterkenntnis und um körperlich wieder Kraft zu tanken. Je mehr du von dir gibst und dich einbringst, desto mehr Anspruch hast du, immer wieder zu dir selbst zurückzukehren und die göttliche Quelle in dir aufzusuchen.

Finde dein Seelenlicht in deinem Inneren. Finde deinen Seelenklang in dir. Gehe in den Raum deines Herzens und suche dir dazu den äußeren Raum, der dir die Möglichkeit schenkt, ganz für dich alleine zu sein. Meine Energie unterstützt dich dabei, dir aktiv und passiv Rückzugsmöglichkeiten zu gönnen, denn du bist es dir wert, deiner inneren Stimme zu folgen und dort wieder die Sehnsucht deiner Seele wahrzunehmen. Erkenne dies in Liebe und ohne schlechtes Gewissen. Es ist gut und richtig, Verschmelzung, aber auch individuelle Abgrenzung zu erleben. Ich helfe dir, die Angst vor dir und dem Finden deiner Seele zu verlieren.

„Ich höre auf meine innere Stimme und kehre immer wieder zu mir selbst zurück.“

Flavia

Klarheit – Ehrgeiz – Disziplin

Geliebtes Wesen, ich weiß, dass dir immer wieder mal die Klarheit fehlt. Zu wissen, was man will und was gut für einen ist, ist eine besondere Tugend. Deshalb stehe ich dir zur Seite, um in dir diese Stärke zu entfalten.

Sobald dir klar ist, was du willst und was wichtig für dich und deine Seelenentwicklung ist, kannst du die weiteren Tugenden entfalten, die ich dir bringe. Dazu gehören Ehrgeiz und Disziplin. Und dafür benötigst du Kraft und Energie. Erst dann kannst du dir Ziele stecken, tatkräftig zur Sache schreiten, dich schöpferisch einbringen und ausdauernd sowie diszipliniert bis zum Ende deiner Vorhaben gelangen. Du wirst die Kraft haben, die Dinge von Anfang an klar zu definieren, anzupacken und durchzuziehen, zur Not gegen alle äußeren Widerstände. Nichts wird dich von deinem Ziel abhalten.

Auch wenn du Rückschläge einstecken solltest und eventuell auch einmal in einer Sackgasse verharrst, wirst du die Kraft haben, nicht aufzugeben, sondern deiner Herzensvision neue Nahrung zu schenken. Dein inneres Leuchten, dein Brennen, deine Begeisterung werde ich in dir entfachen, sodass du den Mut und die Kraft hast, dein Leben zu deinem und zum Wohl aller zu gestalten. Und es wird dir eine Freude sein, in dir die Klarheit zu finden, die der Sehnsucht deiner Seele und deinem Seelenplan entspricht.

„In schenke meiner Herzensvision neue Nahrung."

Rosalyn

Fröhlichkeit – Unbeschwertheit – Transzendenz

Ich bin die liebliche Rosalyn und grüße dich mit Anmut und Fröhlichkeit. Du süße Frau, es ist Zeit, in dir deine weibliche Fröhlichkeit zu entdecken. Lass deine Gedanken ruhen und begib dich mit mir auf eine innere Reise der Unbeschwertheit.

Dieses Leben ist ein großartiges Geschenk, und die Welt ist ein Spielplatz wunderbarer Erfahrungen. Natürlich hält das Leben auch viele Herausforderungen bereit. Diese werden immer wiederkehren. Aber wenn du deine Aufmerksamkeit auf die Schönheit der Schöpfung und dein eigenes lichtes, transzendentes und ewiges Sein legst, wird dir nichts mehr schwer und unabänderlich vorkommen.

Die Schwere ist nur eine Illusion, eine Erfahrung. Auch die Leichtigkeit ist eine Illusion, eine Erfahrung deines Lebens. Und doch ist im irdischen Leben alles real. Aber in Wirklichkeit bist du reine, liebende Energie, ein Strahl unendlichen Lichts, unendlichen Klangs, unendlicher Liebe. Du bist Liebe, nichts weiter. Und deshalb kannst du jederzeit dein Augenmerk auf die fröhlichen irdischen Seiten deines Lebens lenken. Du selbst entscheidest, wie du dich, die Schöpfung, dein Leben und das gesamte Dasein des Universums wahrnehmen willst. Also entscheide dich für die liebende Unbeschwertheit und die Gewissheit der Wandlung. Du bist jederzeit transzendent. Und alles wandelt sich von der Schwere in die Leichtigkeit.

„Ich lenke meine Aufmerksamkeit auf die fröhlichen irdischen Seiten des Lebens und wandle alles Schwere in Leichtigkeit."

Sunflower

Kraft – Toleranz – Großherzigkeit

Ich bin wie die Sonne eine Begleiterin voller Kraft und mit einem großen Herzen. Dies ist mein Geschenk an dich. Du Kind dieser Welt wirst jederzeit in dir die Kraft verspüren, dich selbst zu lieben und Wunder möglich zu machen. Wenn nicht du, wer dann? Dies ist mein Leitspruch für dich.

Du wirst unendlich geliebt, mit himmlischer Kraft begleitet und mit Geschenken überschüttet. Es wird dir leichtfallen, großherzig zu sein und Toleranz zu üben. Wo auch immer dein Blick hinfallen mag, was auch immer geschieht in deinem Leben, was auch immer du wahrnimmst, du wirst es nicht mehr beurteilen. Du wirst eintauchen in eine Energiefeld der unendlichen Güte und Toleranz, auch dir selbst gegenüber. Du kannst aufatmen, loslassen, frei werden und dein Herz öffnen. Und sofort wird neue Kraft in dich strömen und dich mit seelischen, geistigen und körperlichen Ressourcen versorgen. Du wirst angebunden sein an die göttliche Kraft, die sowieso schon in dir ist. Endlich wirst du sie wahrnehmen, entdecken und zur Entfaltung bringen.

Ich stehe dir kraftvoll zur Seite, um dir den Rücken zu stärken und dir bewusst zu machen, wie unendlich strahlend du bist.

„Ich bin angebunden an die göttliche Kraft, die in mir ist.“

Vianne

Freiheit – Selbstbewusstsein – Individualität

Ich bin Vianne. Mein Name bedeutet Freiheit für dich. Ja, geliebte Frau, du bist frei, absolut frei. Koste dieses Gefühl aus. Bring es in dir zum Klingen! Du bist ein herrlicher Mensch, eine Frau, in der Freiheit und Individualität zur Entfaltung kommen. Du bist reines Selbstbewusstsein. Ja, du bist dir dessen bewusst, dass du bist, dass du reine göttliche Liebe und einzigartig als Frau bist. Du bist dir dessen bewusst, dass deine Seele für immer und ewig frei ist und dass in der Unendlichkeit des göttlichen Seins alles frei ist. Nichts kann dir etwas anhaben. Es gibt keine Mauern, keine Grenzen, keine unerträglichen Situationen.

Dein inneres Denken macht dich unfrei. Aber es macht dich auch frei, wenn du so willst. Dein und der göttliche Wille sind eins. Dann fließt alles in himmlischem Frieden und göttlicher Freiheit so, wie es dir bestimmt ist. Deine Seele wird ihrer Bestimmung folgen, und es wird in Freiheit geschehen. Denn du bist ein Teil der Schöpfung, unendliche, ewige Energie aus reiner Liebe, unzerstörbar. Im Irdischen bist du ein Individuum, dem Kreis des Lebens unterworfen, eingebunden ins Werden und Vergehen. Doch deine Essenz, das Göttliche in dir, ist frei, sodass du alles bist und sein kannst.

Du bist das Universum. Du bist die Weite. Du bist die Unendlichkeit. Du bist die Liebe. Du bist alles, was du willst. Fühle diese grandiose Freiheit, finde in ihr dein Selbstbewusstsein als Frau und gestalte dein Leben in Liebe.

***„Meine Essenz, das Göttliche in mir,
ist unendlich frei.“***

Mama Mairy

Mütterlichkeit – Akzeptanz – Trost

Ich bin Mama Mairy, eine neue Energieform von Mutter Maria, hell leuchtend und strahlend mit mütterlicher Kraft. In mir liegt das Geschenk der weiblichen Stärke. So bin ich an deiner Seite, um deine mütterlichen Kräfte zu entfalten. Ich pulsiere in dir, erfülle dich, reinige dich und mache dir klar, welch herrliche Mutter du bist. Für dich selbst, aber auch für die Welt.

Ob du Kinder hast oder nicht, spielt keine Rolle, denn jede Frau trägt das Mütterliche in sich, das Nährende, das Verstehende, das Tröstende, das Akzeptierende. Du bist ganz Frau. Und du bist auch ganz mit den mütterlichen Eigenschaften verbunden, um dich selbst zu trösten, zu akzeptieren, dir die Mutter zu sein, nach der du dich sehnst.

Ich stehe dir zur Seite, fange dich auf in deinen Schmerzen und liebe dich unendlich in deinen menschlichen Empfindungen. Du kannst dich an mich lehnen, ich halte dich. Du wirst geliebt, gehalten, getröstet und verstanden. Spüre hinein und fühle dich erfüllt davon, denn jetzt kannst du selbst lieben und anderen Halt geben, dich selbst trösten und verstehen. Jederzeit fülle ich dich mit neuer Mutterkraft und neuem Verständnis. Du bist die Göttin, du bist die Liebe. Du bist die reine Kraft. Und kein Moment der Schwäche wird dir zu nahe kommen oder dir wehtun. Du wirst so sehr geliebt, dass in dir reines Licht fließen kann. Gib dich hin, nimm es an, frohlocke und schenke es mit Freuden allen, die der Mütterlichkeit bedürfen.

„In mir wirkt die reine Kraft der Mütterlichkeit.“

Salja

Respekt – Würde – Behutsamkeit

Ich bin Salja. Über der Schweiz ist meine Pforte, durch die ich zu dir gelange. So klar wie die Berge dieser Landschaft ist mein Anliegen. Ich bringe dir den Respekt für dich selbst.

Erkenne die Situationen, in denen du dein Licht mit Füßen trittst, andere nicht in ihre Schranken weist, deine Würde missachtet wird und deine weibliche Zartheit ihrer Behutsamkeit beraubt wird. Es wird Zeit, mit Liebe Grenzen zu setzen, klar und bestimmt. Es wird Zeit, dich selbst zu würdigen, dein Dasein zu respektieren und leuchten zu lassen.

Ich helfe dir, dich wieder an deinen Seelenplan zu erinnern und ihn zu gehen. Die Sehnsucht deiner Seele wirst du wahrnehmen können, sobald du weißt, dass du würdig bist und auserwählt, dein Sein im Leben zur Entfaltung zu bringen. Jedes Geschöpf trägt diese Würde in sich und hat Respekt und Behutsamkeit verdient. Jedes Geschöpf ist Ausdruck von Gottes Liebe.

So verhalte dich würdig und respektvoll, vor allem dir selbst gegenüber. Sei ehrlich zu dir und verabschiede Menschen oder Situationen in Frieden und Würde, wenn es keine Übereinstimmung mehr gibt. Es ist ein Akt der Liebe und Würde, der eigenen Stimme zu folgen und die Würde der Mitgeschöpfe zu achten. Sobald es in der Interaktion diesbezüglich Schwierigkeiten gibt, lass in Frieden los, damit jeder seine Würde zurückerhält. Du hast die Kraft dazu. Lebe sie. Ich bin bei dir.

„Ich bin auserwählt, mein Sein im Leben zur Entfaltung zu bringen.“

La Veria

Weisheit – Wahrheit – Liebe

In mir ist die Weisheit, geliebte Frau dieser Welt. So werde still und lausche deiner eigenen Weisheit.

Es ist die göttliche Kraft, die in dir wirkt und dir Hingabe schenkt. Du bist eine Empfangende der Wahrheit und Liebe. Es ist alles in dir zu finden. Zweifle nicht an dir, sondern gib dich dem göttlichen Wunder des Daseins hin.

Ist es nicht wunderbar, dass es dich gibt und du in diesem Leben wirken kannst? Dass du die Möglichkeit erhältst, mit den göttlichen Geschenken in dir dein Leben zu gestalten? Schau auf deine Gaben. Sieh darin die Weisheit und Wahrheit Gottes. Du bist reine Liebe, und deine Talente und Gaben sind es ebenfalls.

Ich, La Veria, bin an deiner Seite, um still zu werden, in dich hineinzuschauen und zu lauschen und dort das Wunder des Daseins zu entdecken. Ja, du bist wahr gewordene Liebe, manifestiert in einem menschlichen, weiblichen Körper.

Nun freue dich und sei dankbar für diese Erkenntnis! Je bewusster du bist, wahrnimmst und dich selbst liebst, desto mehr Weisheit wirst du erlangen. Und dann wirst du erkennen, dass nichts wirklich wichtig ist, außer der Liebe. Du wirst zu einer Liebenden, die sich ans Leben verströmt. Und es wird sich großartig anfühlen! Es wird die Erfüllung deines Lebens sein zu lieben. Genieße diese Weisheit und Wahrheit respektvoll und voller Freude.

„Meine Liebe zu mir und zu Allem-was-ist lässt mich weise sein und schenkt mir Wahrheit.“

Na Alea Paia

Die Schwingung der Liebe teilen – Verantwortung – In Resonanz sein

Liebste Seelenschwester, ich bin Na Alea Paia, die Energieschwingung der Liebe aus Hawaii. Aloha, mein Gruß erreicht dich jederzeit, denn wir alle teilen die Schwingung der Liebe und der Wertschätzung. Das Göttliche ist in jedem Geschöpf, und du hast die Möglichkeit, dich jederzeit dieser Liebesschwingung hinzugeben und Verantwortung für dein Leben zu übernehmen. Du bist in Resonanz mit der Liebe, weil du Liebe bist. Die Gaben des Göttlichen sind in dir. Du bist eine große, lichtvolle, klangvolle Seele, gemacht aus der Schwingung der Liebe. In deiner Seele wohnt dein Körper, und nicht umgekehrt.

Wenn du die Verantwortung für alles übernimmst, was in dir in Resonanz geht, kannst du gewiss sein, dass du es in Liebe verwandeln kannst. Du bringst mit jedem Gedanken an den liebenden Energiefluss die Schwingung der Liebe in die Welt, mit jedem Gefühl der fließenden, allumfassenden Liebe, das in dir erwacht und bewusst wird. Kreiere die Liebe als heilende und wandelnde Kraft – in deinem Leben und für das gesamte Universum. Du bist machtvoll, kannst alles verwandeln und dich der Welt schenken. Alles geschieht, weil du von deiner Unsterblichkeit weißt. Deine Seele ist unendlich, dein Bewusstsein unendliche Liebesschwingung. Nutze sie und erschaffe dir ein Leben voller Freude, Fülle, Gesundheit und Vollkommenheit. Ich erinnere dich daran, deine göttlichen Gaben in Dankbarkeit anzuerkennen, wertzuschätzen und zu lieben. Mahalo. Danke.

„Dankbar erkenne ich die göttlichen Gaben in mir an und teile die Liebesschwingung mit jedem Geschöpf.“

Alanus und Alana

Das Dualseelenpaar

Wir sind das Dualseelenpaar aus den Tiefen des Universums. Unsere Energie ist von ewigem Bestand, untrennbar und unauslöschlich vom Anbeginn der Zeit bis in alle Ewigkeit. Wir sind eine Seele, ein einziges Licht, ein einziger Klang und Atemzug.

Auch du hast eine Dualseele, mit der du für immer verbunden bist. Sie kann in geistigen Gefilden weilen oder als Mensch auf der Erde. Wenn es in deiner Bestimmung liegt, wirst du ihr begegnen und wissen, dass sie es ist. Wir, Alanus und Alana, stehen dir zur Seite, um dich für diese Begegnung zu öffnen. Wenn es so weit ist, wirst du es wissen. Das Licht der Erkenntnis wird in dich hineinstrahlen.

Es kann aber auch sein, dass du deiner Dualseele begegnest und ihr nicht frei füreinander seid. Wir helfen dir dann, in Liebe dankbar für die Begegnung mit deiner Dualseele zu sein und alles Leid loszulassen, das in deinem Herzen entstehen sollte, weil ihr zwar eine Einheit seid, aber das Leben nicht miteinander teilen könnt. Wir harmonisieren deine Gefühle und nehmen dir den Schmerz, den du durch das Erkennen deiner Dualseele durchleiden solltest. Du wirst einzig Liebe und Dankbarkeit in dir spüren, dass dir die Gnade geschenkt wurde zu wissen, wer deine Dualseele ist, sie im menschlichen Kleid tief in dir wahrzunehmen.

Ihr seid für immer verbunden, für immer eins, aber wenn dir dieses Bewusstsein Schmerzen verursacht, werden wir dich mit liebenden Herzensbändern versorgen, damit du dich wieder stark und strahlend empfinden kannst.

Du kannst im Geist immer eins sein mit deiner Dualseele, Seelenliebe ins menschliche Leben bringen und eure vereinten Seelenstrahlen im Dienst der Menschheit zum Wohl aller wirken lassen. Gib dich dieser köstlichen seelischen Vereinigung hin und erlebe sie beglückend. Wir helfen dir, dich als Individuum stark zu fühlen und deine Einzigartigkeit zu erkennen.

Fühle und strahle Liebe hinaus, in dem Bewusstsein, dass du eine Dualseele hast, aber erkenne auch, dass deine Dualseele als Mensch ihre eigene Bestimmung hat und ihren Lebensweg gehen muss, so wie du. Sollte es in eurer gemeinsamen Bestimmung liegen, eines Tages das Leben miteinander teilen zu können, wird es geschehen. Hab Vertrauen und lass die Sehnsucht nach deiner Dualseele los, denn ihr seid geistig und seelisch sowieso immer eins und untrennbar vereint. Dies wird immer so sein, was auch immer in eurem Leben geschieht.

„Ich weiß, dass ich eine Dualseele habe und nehme diese Seelenverbindung in Dankbarkeit an.“

☆☆☆

Vita Zora

Seit über zwanzig Jahre schreibe ich Bücher und weiß dabei stets die Engel und geistigen Helfer an meiner Seite. Sie wirken in meinem Leben liebevoll und behutsam und haben mich schließlich auch mit Christine Worbs zusammengeführt. So lernte ich ihren wunderschönen Perlenschmuck kennen und lieben und konnte am eigenen Leib erfahren, wie transformierend und edel ihre handgefertigten Schmuckstücke in Verbindung mit den Energien der Geistigen Welt Wirkung zeigen.

Als hellfühlende und hellsichtige Heilerin konnte ich Christine auch immer gleich Rückmeldung zu ihrem mit Engeln, Meisterinnen und geistigen Begleiterinnen aufgeladenen Schmuck geben. Es ist eine wahre Freude zu erleben, wie dieser Schmuck Frauen verändert, ihnen äußerlich schmeichelt und ihre Seele verwöhnt.

Unser gemeinsames Projekt „Sonnen-Engel“ brachte uns schließlich auf die Idee, dieses Buch zu schreiben, um die geistigen Energien möglichst vielen Frauen zur Verfügung zu stellen, vor allem auch, da sich ab 2012 viele neue geistige Begleiterinnen zeigen, die speziell das Weibliche in den Vordergrund stellen. So war es uns beiden ein Vergnügen, über die Geistige Welt zu berichten und in jeder Frau das Bewusstsein einer einzigartigen Königin zu wecken.

www.zora-gienger.de und **www.sonnen-engel.de**

Vita Christine

Seit vielen Jahren bin ich kreativ tätig und habe einen Blick für alles Schöne. Schon seit mehr als dreizehn Jahren setze ich mich begeistert in meinen Farb- und Stilberatungen für die Schönheit der Frauen ein.

Schmuck und Design haben neben der Malerei und Blumenfotografie eine sehr starke Anziehungskraft auf mich. So bekam ich die Idee, zusätzlich luftige, schmükkende Perlenketten zu kreieren. Da ich mich seit über zwanzig Jahren mit Spiritualität beschäftige und mich sehr mit den Engeln verbunden fühle, begann ich mit der Zeit, die Engelenergien darin zu vereinen, sodass die Ketten über den bloßen Schmuck hinaus eine ganz besondere Anziehungs- und Ausstrahlungskraft bekamen.

Zuerst nur für mich gedacht, fing ich an, diesen besonderen Engelschmuck auch zu verschenken. Mit dem Entstehen des Engel-Perlenschmucks habe ich meine erfüllende Aufgabe gefunden, wie ich den Frauen in spiritueller Weise dienen kann. Ich liebe den Prozess des individuellen Gestaltens und Umsetzens in ein einzigartiges Schmuckstück, das speziell für diese besondere Frau gefertigt wird.

Die Freude der Frauen an diesen Engelketten und ihre Geschichten, die sie damit erleben, bestärken mich darin, den Engelschmuck einem größeren Publikum vorzustellen. So lernte ich Zora kennen, die gleich von meinem Engelschmuck angetan war. Im Laufe der Zeit entstand die Idee eines gemeinsamen Buchs, das du jetzt in deinen Händen hältst.

Ich freue mich sehr, hier nun meinen Engel-Perlen-schmuck vorstellen zu dürfen und bedanke mich von ganzem Herzen bei meiner lieben Freundin Zora, die mich darin bestärkt hat, das Projekt gemeinsam anzugehen.

www.christine-worbs.de und **www.sonnen-engel.de**

Danksagung

Ein herzliches Dankeschön allen lieben Menschen, die mir ihre Engelerlebnisse geschildert haben und mich so an ihren Erfahrungen teilhaben ließen. Vielen Dank auch für die vielen positiven Mails, in denen die Freude über den Engel-Perlenschmuck zum Ausdruck kam. Ich freue mich sehr über das in mich gesetzte Vertrauen und auf die spannende Aufgabe, jetzt noch mehr Menschen mit meinem Engelschmuck unterstützen zu dürfen.

Ebenso gilt mein aufrichtiger Dank meiner Familie, die mich in meiner Arbeit bestätigt und bestärkt hat, und meiner Freundin Zora, ohne die dieses Projekt nicht möglich gewesen wäre.

Danke euch allen,
Christine

☆☆☆

Mein Dank gilt vor allem der Geistigen Welt, mit der ich in Licht und Liebe verbunden bin. Ich danke meiner Familie für ihr Verständnis und ihre Unterstützung und die Liebe, die sie mir zukommen lässt. Ein besonderer Dank geht an meine liebe Freundin Christine, mit der ich wunderbare Projekte in Angriff nehmen kann und auch weiterhin in Herzensliebe verbunden bin.

In Liebe,
Zora

Erfahrungsberichte

Eine meiner ersten Kundinnen, die meine Maria-Kette im Engelmagazin März/April 12 gesehen und gleich bestellt hatte, war so erfreut, dass sie mir anschließend gleich ein Gedicht ins Gästebuch geschrieben hat. Hier ihre Mail und das Gedicht:

„Ich erinnere mich an die Zeitung „Engelmagazin" – ich sah die Kette „Mutter Maria" und wusste, genau diese Kette brauche ich. In dem Moment, als mein Wunsch nach dieser Kette feststand, hatte ich nicht gelesen, welche Energie diese Kette trägt, ich fühlte nur eine große lichtvolle Liebe in mir, und dann las ich, dass die Kette die Energie von Mutter Maria trägt.

Mutter Maria und ich haben seit meiner Kindheit einen starken Energieausgleich, ihre Energie fühle und spüre ich, seit ich als Kind ein Amulett mit dem Bild von Maria gefunden habe, es liegt über all die Jahre auf meinen Nachttisch; interessanterweise hat es seine Farbe nie verloren, es ist immer noch genauso klar und rein, wie ich es damals gefunden habe.

Die Kette „Mutter Maria" ist für mich eine ganz besondere Energie, in der ich mich liebevoll geschützt und behütet fühle.

Eine wundervolle Geschichte ist hierzu zu berichten. Ein ganz besonders Seminar stand an, und innerlich fühlte ich, es war für mich bestimmt, selbst mein Mann unterstützte mich in meinen Gedanken. Ich hatte lange Zeit nur gearbeitet und war so in meinem Trott, dass ich morgens auf dem Weg zur Arbeit Maria und meine Engel fragte, ob dieses Seminar das richtige für mich ist, oder ob mein Ego mir da einen Streich spielen wollte. Kaum gefragt, kam mir das erste Auto mit der Nr. 1111 entgegen, dahinter die 2222 und dann die 3333. „Ja, ist ja gut", sagte ich, „ich fahre ja", aber es kam noch die Nr. 4444 und dann die 5555. Am gleichen Morgen meldete ich mich zum Seminar an und bekam das Zimmer 11.

Ich bin auf besondere Weise geführt worden und habe etwas Besonderes erlebt. In dem Seminar traf ich nicht nur Engel, sondern es waren auch viele Feen, Elfen und Einhörner vor Ort.

Liebe Christine, ich hatte dir spontan ein Gedicht geschrieben, als die wundervolle Kette zu mir kam, ich schicke es heute noch einmal, und du kannst meine Geschichte wie auch das Gedicht gerne für dein Buch verwenden.

Viele liebe lichtvolle Grüße, R."

☆☆

Er ist immer da, der Engel an deiner Seite.
Er beschützt und behütet dich.
Er umarmt dich sanft, wenn du traurig bist,
er weint mit dir, und er lacht mit dir.
Der Engel an deiner Seite ist immer für dich da.
Er hilft dir deinen Weg zu erkennen,
deinen Weg zu gehen.

Er tröstet dich und macht dir Mut.
Er hilft dir, schwere Tage zu überstehen und führt dich zurück zu den Tagen der Leichtigkeit.
Er umarmt dich liebevoll,
wenn du dich nach Liebe sehnst.
Der Engel an deiner Seite, er liebkost dich,
trocknet deine Tränen und verwandelt sie in Licht.
Der Engel an deiner Seite hüllt dich ein
in Licht und Liebe.
Der Engel an deiner Seite − lade ihn ein,
in dein Leben zu kommen,
denn der Engel an deiner Seite ist da.

☆☆☆

Eine liebe Kundin unterstützte ich während ihrer Schwangerschaft mit der Kette von Erzengel Michael und dann später zur Geburt mit einer Geburtskette, in ihrem Fall Erzengel Doro und Engel Muriel. Hier ihre Rückmeldung nach der Geburt:

„Liebe Christine,

die Wirkung deiner Engelketten ist schon spannend zu beobachten. Die Kette von Erzengel Michael trage ich seit der Schwangerschaft jeden Tag, auch jetzt ist es mir nach wie vor ein Bedürfnis, sie jeden Tag zu tragen. Die „Geburtskette“ trage ich seit dem Krankenhaus auch jeden Tag. Und weißt du, was mir besonders aufgefallen ist, unter anderem das Wort „Karmafreiheit“ (Erzengel Doro).

Ich erwähne das deshalb, da die Geburtssituation und die Tage davor recht dramatische Momente hatten, aber alles sehr positiv ausging. Vielen Dank."

☆☆☆

Zu den Engelketten schicke ich immer eine selbstgestaltete Blumenkarte mit der Wirkung der Steine und der ausgewählten Engel. Hier eine Rückmeldung:

„Ich habe mich sehr über die Engelkette „Maria", die ich bei Ihnen bestellt habe, gefreut. Was mich aber sehr beeindruckt hat, war Ihre mit Liebe selbst hergestellt und handgeschriebene Karte und die lieben Worten sowie die entsprechenden Erläuterungen der einzelnen Perlen dieser Kette. Dies zeigt echte Wertschätzung eines Menschen. Vielen Dank."

☆☆☆

Eine Kundin bestellte zwei Armbänder, unter anderem zur Unterstützung ihres Klavierspiels, und schrieb dazu ins Gästebuch:

„Liebe Frau Worbs, herzlichen Dank für die schönen und liebevoll gearbeiteten Armbänder. Sie geben mir Freude, Trost und Unterstützung."

Meine liebe Freundin bekam mit die erste Kette einer neuen Begleiterin (Na Alea Paia zusammen mit Erzengel Metatron) und schrieb mir folgende Mail:

„Erst in einer tiefen Krise wird die Wirkkraft der Schmuckstücke wirklich bewusst. Nach stundenlangen Heulattacken kehrte sofort Ruhe ein, sobald ich die Kette um den Hals legte. Es war ein friedliches Gefühl der Stärke, schwingungsvoll und klärend, liebevoll und dennoch nachdrücklich. Das sanfte Schwingen ist weiterhin stark spürbar. Von außen gesehen wirkt die Kette, als würde sie leuchten. Das kann ich selbst zwar nicht sehen, wenn ich sie um den Hals habe, aber alle anderen. Dieses Phänomen ist bemerkenswert. Mitten in der Krise, ohne Aussicht auf eine Perspektive, ermöglicht mir die Kette, trotzdem fest daran zu glauben, dass alles gut wird. Gleichzeitig macht die Schwingung sanft und weich. Die Härte der Verbitterung kann sich langsam lösen. Das weckt Vertrauen und führt dazu, dass neue Kräfte spürbar werden."

☆☆☆

Eine andere Kundin bestellte nach zwei Monaten die gleiche Engelkette noch einmal als Fußkette. Hier ihre lieben Worte per Mail:

„Guten Abend, Frau Worbs,

die von Ihnen angefertigte Energiekette vom Erzengel Uriel und Gloria hat mir bis jetzt besonders viel Glück gebracht und vor allem viel Kraft gegeben. Immer wenn ich besondere Termine habe und vor allem mit meiner Rennradgruppe einige anspruchsvolle Touren (Pässe) zu bewältigen habe, trage ich diese Energiekette."

☆☆☆

Über viele weitere Erlebnisse, Erfahrungen und Berichte im Gästebuch unserer gemeinsamen homepage www.sonnen-engel.de würden wir uns sehr freuen.

☆☆☆

Bezugsquellen

Der Engelschmuck kann telefonisch oder per Mail direkt bei Christine bestellt werden.

Tel.: 0711-30539766

E-Mail: info@christine-worbs.de

Die Auswahl des Engels, der Begleiterin und der Steine werden gerne mit dir persönlich besprochen und auf dein ganz individuelles engelhaftes Schmuckstück abgestimmt. Auch Engelbilder, Seelenbilder und Schutzengelbilder können bei uns bestellt werden. Für Anregungen, Infos und Rückmeldungen stehen wir dir gerne zur Verfügung.

Wichtiger Hinweis:
Die im Buch abgebildeten Ketten sind lediglich Beispiele der verschiedenen Energien und können in Farbe, Steine und Machart abweichen beziehungsweise je nach Wunsch variiert werden.

Zora Gienger

Heilkraft der Dualseelen

Gemeinsames Wirken für die Welt

200 Seiten, A5, broschiert

ISBN 978-3-941363-73-1

Dieses Buch wirft ein neues Licht auf das Thema Dualseelen. Es beschreibt, was Dualseelen sind und wie sie sich erkennen, wie sie ihre Seeleneinheit lebendig halten können und wie es möglich ist, mit der Dualseele verbunden zu sein, auch wenn man nicht weiß, wer der Dualseelenpartner ist.
Es enthält liebevollen Hinweise, wie ein erfülltes, spirituelles Leben gemeinsam mit der Dualseele gelingen kann und welch ein Segen es ist, zu wissen, dass es Dualseelen gibt. Doch es schenkt auch Trost, wenn es im Alltag zu einer eher schmerzhaften Begegnung mit der Dualseele kommen sollte. Meditationen voller Liebe, Dankbarkeit und Segen motivieren, die eigene Seelenkraft zu entfalten und voller Freude die Einheit mit der Dualseele auf der Seelenebene zu feiern – jeden Tag aufs Neue.

Muriel Euphémie

Soranel – Tor der Einheit

Die Realität deines Lichtkörpers auf der Neuen Erde

272 Seiten, A5, broschiert, vierfarbig

ISBN 978-3-941363-75-5

Wie fühlt es sich an, auf der Neuen Erde zu sein? Was bedeutet es, in der Einheit mit Allem-was-ist zu leben? Was können wir tun, um unsere feinstoffliche Wahrnehmung so zu entwickeln, dass wir sie ganz präsent und bewusst spüren und erleben können? Wie können wir immer mehr mit unserem ICH BIN, unserem wahren Höheren Selbst verschmelzen? Soranel ist der Schlüssel, der das Sternentor öffnet und im Hier und Jetzt alle Dimensionen miteinander vereint – das Tor in eine neue Welt der Einheit mit Allem-was-ist.
Liebevoll, weise und fürsorglich begleiten uns verschiedene Engel, Aufgestiegene Meister, Stern- und Lichtwesen bei der Entdeckung und Entfaltung unseres wahren Selbst. Durch die verschiedenen Übungen werden wir Schicht um Schicht gereinigt, bis unser lichtvollstes Selbst ganz zum Vorschein kommt. Bist du bereit, in eine neue Welt einzutreten? Dann begib dich hinein...

Peter K. Keller

Pilgerfahrt zu Gott

Engelbotschaften für den Alltag

208 Seiten, A5, broschiert

ISBN 978-3-941363-89-2

Unter den vielen Engelbüchern ist Peter Kellers Buch ein Novum. Es bietet uns die Möglichkeit, durch himmlische Lieder einen Zugang zu den Engeln zu finden. Diese Lieder beflügeln uns und tragen uns in Sphären, die dem Wort oft verschlossen bleiben.
In der westlichen Welt vergessen wir oft, dass die Praxis einer Lebensführungslehre notwendig ist, um heil durch das Labyrinth des Lebens zu finden.
Mit großer Liebe lehren uns die Engel die Spielregeln des Lebens, ohne die wir im Chaos enden würden. Schließlich erleben wir, dass jeder von uns berufen ist, ein Engel für die Heilung von Mensch und Erde zu sein.
Das Buch hat die Kraft, uns Menschen zum Licht und zur Liebe zu führen.

Ingrid Theresia Bleier

Vom Inneren zum Göttlichen Kind

Praxisbuch zur Tiefenheilung

208 Seiten, A5, gebunden, mit Leseband

ISBN 978-3-941363-85-4

Wir wollen die Welt verändern? Die Elohim, die Schöpferengel Gottes, sagen uns, wo jeder von uns sofort ansetzen kann: bei sich selbst! Es ist die Entwicklung des Inneren Kindes zum Göttlichen Kind.
Die meisten von uns erleben durch Prägungen in der Kindheit in Form von Selbstwertthemen, Ängsten, Schuldgefühlen usw. als Erwachsene immer wieder gleiche oder ähnliche bremsende Situationen. Dieses Selbsthilfebuch bietet einen Weg der Heilung durch Auflösung und Erkenntnis.
Die Übermittlungen und Meditationen der Elohim machen die wertvolle Innere-Kind-Arbeit zur spirituellen Transformation in Liebe. Dabei geben uns die Engel alltagstaugliche Hilfe in Form von sieben leicht anzuwendenden Meditationen – entsprechend der sieben Altersstufen der kindlichen Entwicklung. So gelingt es dem Leser, Schritt für Schritt seine persönlichen Kindheitsthemen auf den Punkt zu bringen, die sich im Hier und Jetzt störend zeigen. Der Erkenntnis folgt die Auflösung.

Tef Fonfara

Die Kraft der spirituellen Transformation

Humor, Harmonie, Heilung

288 Seiten, A5, gebunden, mit Leseband

ISBN 978-3-941363-84-7

Ein Rabe fliegt am Fenster vorbei und verändert die Welt. Es beginnt eine Geschichte um das Zusammenspiel magischer Zufälle, beobachtet aus der fünften Etage mitten in der Stadt. Tef Fonfara erzählt humorvoll, warum wir in der weltlichen Realität die wesentlichen Dinge nicht sehen können, welche Kraft die Gedanken haben und wie wir sie wirksam machen können. Die Freundschaft zu einem Raben ist der Anfang einer Ereigniskette um Wahrnehmungen, die bisherige Denkmuster als ungültig erklären. Der Autor beschreibt feinstoffliche Gesetze, die ihre geheimnisvolle Wirkung haben. Er erklärt unterhaltsam esoterische Prinzipien und geht tief ins Detail: Jeder kann sich heilen. Jeder kann die Welt verändern. Und es geht um mehr, denn Humor, Harmonie und Heilung bedeuten dasselbe. Wir werden erinnert, dass wir nur unsere göttlichen Fähigkeiten vergessen haben und wer wir eigentlich sind.

Sabine Skala

Leben in der Neuen Zeit

Verbindung zur Siebten Dimension

224 Seiten, A5, broschiert

ISBN 978-3-941363-83-0

Dieser spirituelle Reiseführer bietet ein großes Spektrum an Hilfen und Möglichkeiten, in die nächsthöhere Schwingung aufzusteigen und dort beständig zu leben. Vorschläge, wie wir eigenverantwortlich handeln, leben und unsere Umgebung in ihrer Energie stärken und heilen können, werden in dieser besonderen Phase des Aufstiegs durchgegeben. So erhalten wir wichtige Informationen, wie wir in unsere Macht zurückkommen, um frei und wahrhaftig zu leben. Neue Zeremonien, wie die Lichttaufe eines Kindes, überbringen uns Beispiele, wie wir alte Riten in die Schwingung der Neuen Zeit transformieren können. Mit vielen praktischen, energetischen und spirituellen Tipps für ein glückliches und erfülltes Leben in der Fünften Dimension und darüber hinaus.

Leila Eleisa Ayach

Die Erbauer des Goldenen Zeitalters

Entstehung neuer Strukturen

112 Seiten, A5, broschiert, vierfarbig

ISBN 978-3-941363-87-8

Die Erbauer des Goldenen Zeitalters heißen Indigo-, Kristall- und Regenbogenkinder. Doch hier sind alle angesprochen, im Besonderen die Erwachsenen, unabhängig davon, ob sie Eltern sind oder nicht.
Die Kinder, die auf die Strukturen des Goldenen Zeitalters ausgerichtet sind, tragen Wissen und Lösungen in sich und verkörpern alle Eigenschaften des göttlich erwachten Menschen auf Erden. Durch ihr Sein erinnern sie uns immer wieder an unsere ureigenen Fähigkeiten, die wir längst vergessen haben. Die Geistige Welt erinnert uns an verborgene Lösungen, die jeder von uns in sich trägt. Es geht um die Zukunft dieses Planeten und die Erschaffung von weltweitem Wohlstand und Fülle. Eine große Vision wird hier beschrieben, es ist ein Weckruf für eine ganze Generation. Wir alle tragen einen wichtigen Mosaikstein für die neu entstehenden Strukturen in uns.

Daivika

Die Sprache der Götter

Meilensteine in die Ewigkeit

CD, Lauflänge ca. 60 Minuten

ISBN 978-3.941363-99-1

SANANDA führt dich auf die Straße deines Lebens und öffnet Flügeltüren in himmlische Sphären, hinter denen die Töne der Symphonien unseres Herzens erklingen und du, dem Klang folgend, unendlich tief mit dem Quellenlicht in Berührung kommst.
SANAT KUMARA zeigt dir den Weg durch die silbrig schimmernden Nebel von Avalon, vorbei an sämtlichen wunderbaren Momenten aller Zeiten, um in einem Augenblick der Liebe ganz mit deinem Sein zu verschmelzen.
AMRITA reitet mit dir durch die Lichttore und bringt dich an ein energetisches Kraftfeld namens „Madru-Ma Shra hec“, das schützend um den weißen Ozean liegt. Der „Milchozean“ ist Träger des Urwassers; jedes Einhorn nährt sich durch die Energie dieses heiligen Wassers, und Amrita berührt dich mit der vollendeten Essenz jedweden Lebens, dem Elixier der Götter.

Karin & Gerold Voß

Sanat Kumara – Werde ein offener Kanal

Channeltraining mit den Meistern der göttlichen Strahlen

208 Seiten, A5, broschiert

ISBN 978-3-941363-82-3

Die Neue Zeit ist da, und mit ihr sind alle Potenziale vorhanden, selbstbewusst mit der Geistigen Welt Kontakt aufzunehmen und zu erweitern.
Die Botschaften der göttlichen Strahlen können für viele eine Initiation sein, um mit einem offeneren Bewusstsein weiterzugehen und eine größere Klarheit in allen Lebensbereichen zu erreichen.
Die Liebe, die einmal das ganze Feld des Seins durchstrahlen wird, kann noch nicht immer gefühlt werden. Es gibt noch „Baustellen" und innere Anteile in vielen Menschen, die noch nicht ganz in Harmonie sind.
Sanat Kumara und die Meister/innen der göttlichen Strahlen wirken mit ihren speziellen Energien auf das Chakrensystem, um es zu reinigen und in Balance zu bringen. Das ist die Voraussetzung dafür, dass sie in Zukunft zu einem einzigen, über das Herz orientierten Energiefeld werden. Dadurch öffnet sich in jedem Menschen der Kanal zwischen Himmel und Erde.

Andrea Kraus

Meditationen zu Lichtkörpersymptome Band I & II

Doppel-CD, Lauflänge ca. 120 Minuten

ISBN 978-3-95531-000-4

Wie kannst du Hier und Jetzt deine Energien ganz praktisch und nachvollziehbar aktivieren? Wie kommst du in Kontakt mit deiner geistigen Führung?
Diese und weitere Fragen beantworten sich in der Anwendung der geistigen Übungen, Meditationen und Reisen vielleicht schon von selbst. Aus den Meditationen der Bücher Lichtkörpersymptome I und II hat Andrea Kraus einen Zusammenschnitt erstellt, der dem Hörer einen leichten Zugang zu energiegeladenen Räumen öffnet. Gleichzeitig werden wir – in Begleitung unserer Geistführer – darin auch geschult.
Solche Anleitungen sind eine wichtige Voraussetzung für die Erweiterung unseres Bewusstseins.